ありのままの自分で人生を変える

挫折を生かす心理学

高山惠子
Keiko Takayama
平田信也
Shinya Hirata

まえがき
Journey for True Happiness

　今、この本を手にしているあなたは、どんな人でしょうか？　どんなときに幸せだと感じますか？　あなたは、人と「違うね」と言われてどんな気持ちがしますか？　うれしい気持ち？　それとも嫌な気持ち？

　現在私は臨床心理士として、悩みを抱えている人のサポートや大学・大学院での講義をする中で、とても素晴らしい才能、可能性があるのに、それに気がついていない人がとても多い現実に直面しています。その人たちは、自分は不幸せと感じているようで、残念に思うことがあります。

　なにかを達成しても真の幸福感を味わえない人がいる一方で、障害などがあり不完全ながら、幸せと感じることができる人もいます。

　この本にまとめた「自分らしさ」を理解する方法を実践していただければ、ほんとうの自分に気づき、その存在を大切にしようと実感するようになると思います。そして、真の幸福感を味わえる人生につながるのです。

　実は、私はなんとなく、みんなと違う、普通じゃないと感じながら学生生活を送ってきました。スピーチは意外と得意なのに、話を正確に聞くことや、ノートをきれいに書くことができないなど、能力に大きなアンバランスがあり、理解に苦しんでいました。さらに、同級生がみんな簡単にできることができない自分を感じると、急速に落ち込んだりしました。学校では理想の自分を演じようと必死になり、疲れ果て、家でかなり反抗的な態度をとるというようなギャップにも苦しみました。

　みなさんは、ADHD（注意欠陥多動性障害）やLD（学習障害）というものを聞いたことがありますか？

1

社会人になってから留学したアメリカの大学院で、ADHDとLDがあることがわかった私は、苦しんでいた理由を脳科学的に理解でき、とてもほっとしました。以来、「できないことがあってもいい、自分を責めすぎない、自分らしく、得意なところを最大限生かそう！」と生き方を変えたのです。
　ADHDなどは発達障害と呼ばれていて、最近急速に注目されるようになりました。私が発達障害の研究に没頭することは、つまり自分探しの旅でもあり、自分の才能を開花させる条件を探すことでもあります。
　そして、発達障害のある人が才能を発揮するためには、特定の条件があることがわかりました。それは、障害の有無に関わらず、ユニバーサルデザインとして、すべての人に応用することができるのです。
　残念なことに、この条件を知っているのはごく一部の人です。そうしたことから、なるべく多くの人のためにできる限りわかりやすくお伝えしたいと思い、この本を書きました。
　どんなにつらい過去があっても、たとえ大きな挫折を経験したとしても、暗くて長い失望のトンネルを抜けると「あのつらいときがあったからこそ、今がある」と思えるようになります。
　そのためには、一人で頑張りすぎないこと。仮面をとり、無理をしない自分の状態をキープすることが大切です。

There is something only you can do.
あなただけにできる何かがある……

　私がアメリカ留学していたとき、英語がわからず、大学院の勉強も難しくて自信喪失していたときに、ある人が言ってくれた言葉です。
　得意なことは自分では気がつかないことがほとんどです。できないことだけにスポットライトがあたり、自己イメージが下がるパターンに陥るのです。ですから、まずは謙遜せずに、人からほめられたら素直に受け取ってみましょう。
　そして、ありのままの自分を受け入れることができたとき、あなたもまわりの人もきっと幸せになれることでしょう。

Staff

カバー・本文デザイン・DTP／栗谷佳代子
本文イラストレーション／八戸さとこ

目次 Contents

まえがき……1

Part. 0
「自分らしさ」に出会う旅に出発しましょう！

自分の定義を見つけて、人生を歩む……10
そもそも自分を客観的に見るときの「自分」って？……12
「気づき」のベースはメタ認知力……14
☑「自分らしさ」発揮力チェックリスト ……11
☑ メタ認知力チェックリスト ……15

Part. 1
あなたの特性を探しましょう

Chapter 1
社会で成功する条件は外向タイプ？……18

性格はdifferentとしてとらえる……22
内向タイプは外向タイプより聞き上手？……23
社会とは、得意なことが違う人たちの集まり……24
TPOで考える……25
☑ 性格チェックリスト ……20

Contents

Chapter 2
あなたに合った学習スタイルを見つけましょう……28

効果的な方法で学習するために……29
情報処理にもパターンがある……35
☑ 学習スタイルチェックリスト……32

Part.2
「自分らしさ」と可能性を
引き出しましょう

Chapter 1
ポジティブシンキングを生み出すコツを知ろう……38

私たちはフィルターを通してものごとを見ている……40
セルフエスティームを高める……42
ポジティブな側面にスポットライトをあてる……45
シーン別にプチメソッドを作ろう……46

Chapter 2
苦手意識を解消しましょう……50

どこに焦点をあてるかで、感情と行動が変わる？……52
●Step1　苦手なことを思い浮かべる……54

- ●Step2　100％を部分にする……54
- ●Step3　条件を明確にする……54

自分のことが嫌いなあなたへ……58

Chapter 3
目標達成力を高めましょう……62

- ●Step1　やる気の出し方のパターンから、自分に合った条件を見つける……64
- ●Step2　実行機能がわかるチェックリストで目標達成の障害になっている原因を把握する……69
- ●Step3　原因が見つかったところで、克服する対策を学ぶ……72

実行機能の対策……73

Chapter 4
あなたの座右の銘を見直してみましょう……76

常に同じ価値基準で対処しようとしていませんか？……78
自分の価値基準が絶対正しいと信じることの4つの弊害……79
　"例外"もあることを認めよう……81
　その座右の銘は今のあなたに合っていますか？……82
　座右の銘があなたを苦しめる？！……83

Contents

Part.3
あなたのほんとうの幸せを探しましょう

あなたの中に隠されている「感情」を意識しましょう……88
- ●Step1 「なりたい自分」をイメージする……88
- ●Step2 求めている幸せのタイプを知る……90
- ●Step3 目標を設定する……97

失敗しても、必ずハッピーになれる習慣……104

小さな成功体験で相乗効果を上げるための習慣……109

コーリング（天職）を探す旅へ……114

☑ 3つの感情チェックリスト ………92

あとがきにかえて　支援者、保護者の皆様へ……119

Part. 0

Journey for
True Yourself

Part.0 「自分らしさ」に出会う旅に出発しましょう！

自分の定義を見つけて、人生を歩む

　あなたは、幸せになるために何が必要だと思いますか？　お金、学歴、友だち、家族、パートナー、健康……？

　たとえば、宝くじが当たって急にお金持ちになったものの、働かなくなって生きがいを見失い、ウツになったという人もいれば、ガンになったり大きな挫折を経験したりしても、友だちや家族の深い愛情を感じることができて幸せと感じる人もいます。

　あなたは、どんなときに「私は幸せ」と感じるでしょうか？

　あなたが無理をしていない自然体の「ほんとうの自分」でいられるとき、そして誰かの理想ではなく、あなた自身の「なりたい自分」であるときではありませんか？

　「ほんとうの自分」とは、まわりの人や世間の常識を反映した自分ではなく、無理をしていない素の自分のことです。

　そして、誰かが定義した幸福感ではなく、あなた自身のその定義を見つけて「こうありたい」と思う目標

に向かって人生を歩んでいくことが、Journey for True Happiness、「真の幸福への旅」なのです。

　さらに、幸せになるために必要なことがあります。それは、「自然体の自分」でいられるための習慣を持っているかどうかということです。

　具体的には、次のような内容です。

「自分らしさ」発揮力チェックリスト

- ☐ 1　自分を客観的に見ることができる
- ☐ 2　失敗を恐れずトライしてみようという気持ちがある
- ☐ 3　人からのアドバイスや評価を素直に受け入れられる
- ☐ 4　自分の得意な能力を自分以外の人のためにも使っている
- ☐ 5　苦手なところを含め自分を肯定できる
- ☐ 6　一人でやみくもに頑張らず、SOSを求められる
- ☐ 7　人に感謝できる
- ☐ 8　自分に合った適切な目標が立てられる
- ☐ 9　失敗したときの対処法を知っている
- ☐ 10　自分のタイプや特性を知っていてそれに合った方法を使えている

○の数　　　　個

いかがでしたか？ 今いくつ○がつくかということは、それほど重要ではありません。大切なのは、これからのあなたが「自分らしく」ハッピーになること。すべて本書で紹介している内容ですので、○が少なかった人ほど、大きく変化することができます。もちろん、○がたくさんついた人は自信を持って学びをスタートしてくださいね。

そもそも自分を客観的に見るときの「自分」って？

「自分らしさ」がキーになるということは、先ほど述べた通りです。それでは、自分を知るために必要なことって何でしょうか？ 履歴書やエントリーシートを書くための自己分析でしょうか？ 実はその前に、ものごとを正しく分析する目が必要なのです。これがなければ、たとえ自己分析をしたとしても正しく自分を知ることはできません。

正しく分析するためには、自分を客観的に見る力が大切です。専門用語では**メタ認知力**といって、先ほどのリスト1「自分を客観的に見ること」のベースとなる力です。

メタ認知力とは、簡単に言えば、まず何かをやってい

る自分のことを客観的にみること、そして状況に応じて修正する力のことです。この力が不足していると、どんなに高度なスキルを身につけたとしても適切に使いこなせるようになれないのです！

　みなさんには、親や先生から「こうしたらいいよ」とアドバイスを受け、頭では理解しているはずなのに実践できない、あるいは、使えても結局三日坊主で終わってしまった！　そんな経験はありませんか？

　たとえば、緊張したときには「深呼吸をするのがよい」ということは、あなたが小さい頃から知っていると思います。それを実践するためには、

1　緊張している自分に気がつく

2　深呼吸するというスキルを思い出す

3　実際に深呼吸する

というプロセスが必要ですね。メタ認知力は、このプロセスの中にフル活用されています。

　まず、緊張している自分に気がつくためには「セルフ

モニタリング力」が必要です。そして、緊張しているときには深呼吸がよいということを思い出して、この状況の自分にとって適切なスキルだということを判断できなければなりません。ここには「自分に合った問題解決力」が必要です。その背後には、緊張で逃げ出したい自分をコントロールする「自己コントロール力」が働いています。このようなプロセスをへて、無意識に深呼吸できるという段階になります。

> **補足**
>
> **セルフモニタリング**
>
> どのように行動したか、どのような感情を持ったかを自分で観察すること。

「気づき」のベースはメタ認知力

　たとえ失敗したり挫折したりしたとしても、「なぜうまくいかなかったのか」という原因を考え、そして「こうやればうまくいく」と気づきプラスの発想へ転換するときなどには、高いメタ認知力が必要です。うまくいかなかったときに他人のアドバイスに耳を傾ける、疲れがたまっていることに気づき自覚する、効率的な勉強や仕事ができているときの状態をキープでき、非効率なときは改善点を考えるなど、これらにもすべてメタ認知力が働いています。

　ここでは実際にチェックリストを使って、あなたのメタ認知力を確認してみましょう。

メタ認知力チェックリスト

セルフモニタリング力
- [ ] 自分を客観的にみて、長所・短所がわかっている
- [ ] 他人と自分の言動・行動を比較検討できる
- [ ] ストレスがあるとき、自分で気づける(イライラする、体調が悪いなど)
- [ ] 相手の話を正確に理解しているかどうか、自分でわかる
- [ ] 勉強や仕事をしている途中、ときどき進捗状況をチェックする

自分に合った問題解決力
- [ ] 自分のミスが多くなってしまうときの条件を知っている
- [ ] 勉強や仕事をするとき、自分がどんな方法でやると効果的かを知っている
- [ ] 自分のストレスマネジメント法を知っている
- [ ] 自分が感情的になったとき、クールダウンする方法を知っている
- [ ] 自分のケアレスミスを減らす方法を知っている

自己コントロール力
- [ ] 相手と意見が対立したときはすぐ気づき、柔軟に言動を変えられる
- [ ] 状況に合わせて自分の感情を抑え、対応ができる(自分の意見が否定されたときなど)
- [ ] 仕事の途中で別の仕事を依頼されても混乱せず、有効な優先順位で仕事ができる
- [ ] 必要があれば、勉強や仕事を中断できる(一度とりかかったら最後まで完成させなければ気が済まないことはない)
- [ ] 課題の内容や相手に応じてやり方を選び、変更できる

『発達障害に気づかなかったあなたが自分らしく働き続ける方法』すばる舎　p61 一部改変

いかがでしたか？　ここでひとつ、注意事項があります。メタ認知力は強すぎてもよくないのです。
　たとえば、周囲の評価を気にしすぎてしまう人は、セルフモニタリング力が高すぎる可能性があります。人の意見を気にしすぎるあまり、自分らしさを押し殺してストレスをためてしまうのは避けたいですね。一方で、メタ認知力が弱すぎても、ストレス状態の自分に気づかない、非効率的な方法のまま勉強や仕事を続けて結果が出ないなどの弊害があります。
　そういったことから、この本には、あなたのことを知ってもらうための手助けとなるワークやチェックリストを組み込みました。本書を読みながら「自分はどうかな？」と考えることこそが、メタ認知力を高めます。
　幸福の条件のひとつは「ほんとうの自分を知っていること」でしたね。メタ認知力が高まったあなたはより正確に自分のことがわかるようになるので、その条件に近づけるのです。そう考えると、ワクワクしませんか？
　ワークやチェックリストをすべて今すぐにできなくても、あせらないでください。あなたなりに気づいたことを書きこんでいくプロセスこそが大切なのですから。

Part. 1

Journey for
True your Gift

社会で成功する条件は外向タイプ？

　あなたはこれまで、年齢が上がるにつれて自分で選択する場面が増えてきたはずです。たとえば、中学・高校までは時間割が決められていますが、大学からは自分で必要性を考えて選択していきます。ほかにも、どのサークルに入るか、どのゼミに所属するか、どのアルバイトをするか……。さらにその先には、どんな職業を選択し、どんな生き方をしていくのか。そのつど、自分で選択して、自分で決めなければなりません。

　人付き合いにも同じことがいえます。大学になるとクラスという概念がなく、たくさんの初対面の人との出会

いがあって、自分で友人関係を作る場面が多くなります。ゼミやアルバイト、さらには就職先で、年齢差のある人たちとうまくやっていくことが必要です。

　ものごとを自分で決めることや、人と関係を作りながらうまくやっていくためには、どんなことが必要なのでしょうか？　それは、自分の特性を知ることです。すべてはここから始まります。

　自分の特性がわかってきたら、次は他人を理解することが必要なのですが、まずは基本中の基本、「あなた自身」の理解が大切です。

　その第一歩として、次の性格チェックをしてみましょう。

Part.1 あなたの特性を探しましょう

性格チェックリスト

自分にとって自然なことだと思ったら〇を、ちょっと違うなと思ったら×をつけてください。あまりじっくり考えすぎないようにしてください。

A

- ☐ にぎやかな場所よりも静かな場所を好む
- ☐ 人に話したり行動したりする前に、まずじっくりと考える
- ☐ 大人数よりも気のあった少人数のメンバーの飲み会が好き
- ☐ 大勢の知らない人が集まるパーティーにはできれば参加したくない
- ☐ １つのことをじっくりと深く掘り下げていくことが得意
- ☐ グループワークより自己内省のワークが好きだ
- ☐ 集団行動はどちらかというとストレスを感じる
- ☐ あまり自己主張をしないほうだと思う
- ☐ 自分で考えて決めたことはあまり変えないタイプだと思う
- ☐ テンションが低いと勘違いされやすい

〇の数　　　個

B

- ☐ 映画などを見たあとは、一人で味わうより、感想をすぐ誰かに話して共有したい
- ☐ 新しいことにトライするのは、ワクワクするほうだ
- ☐ 悩みがあると、一人になるより人に聞いてもらいたい
- ☐ 一人でいるより、大勢で盛り上がって食事したりするのが好き
- ☐ 周囲の意見に影響されやすいほうだ
- ☐ 人の話を聞いているより、自分が話すほうが好きだ
- ☐ 初対面の人でも気楽に自分から話しかけることが多い
- ☐ 一人でやる作業より、大勢で協力してやるほうが好き
- ☐ どちらかというと自分の考えや感情を人に話すのが好き
- ☐ 人に流されやすいと思う

✕の数　　　個

Aの○の数 ＋ Bの✕の数

- 16個以上 ……… バリバリ内向タイプ
- 15〜12個 ……… そこそこ内向タイプ
- 11〜9個 ……… 内向・外向両タイプ
- 8〜5個 ……… そこそこ外向タイプ
- 4個以下 ……… バリバリ外向タイプ

いかがでしたか？　もしかしたら、素の自分ではなく、なりたい自分の性格が出ているという場合もあります。メタ認知力（☞ p.12）が高い人ほど、より正確に結果が出ます。

「内向」「外向」とは、心理学者のユングが提唱した概念です。一般的に言われている意味とは少し違っていて、ものごとの考え方や興味の方向などが、自分の内か外、どちらに向かっているかという意味合いです。自己理解と他者理解のいちばんの基本になる「内向」「外向」を理解できると、人の思考や性格の大きな違いが理解できます。相性がよい・悪いという状態もなぜなのか理解でき、自分と反対のタイプの人との付き合い方もわかるようになります。

> 補足
>
> **ユング**
>
> 人の性格は、心のエネルギーが自分の内面に向かうか、外界に向かうかによって分けられると唱えた。分析心理学の創始者である。

性格は different としてとらえる

チェックリストで、まずあなたの特性を知ることが大切です。それが、自分自身のものさしを作ることや、人との関係を作ることのスタートになるからです。

しかし、実はそれ以上に大切なことがあります。それは、「あらゆる特性に、よい・悪いはないと知る」ことです。この点を納得できれば、あなたのタイプを知って

も、それを他人と比較する必要がなくなります。こういう性格だからダメなのではなく、ただ同じではなく違うだけ。wrong ではなく different なのです。だから、他人と比べて落ち込んだり、ねたんだりする必要はありません。ただ、あなたらしさを生かす方法を考えればよいのです。

また、コミュニケーションもうまくとれるようになります。よいか、悪いかという基準で序列をつけることがなくなるからです。相手に対して卑屈になったり、相手を非難したりする必要などありません。ただ相手を認めることができるようになります。

内向タイプは外向タイプより聞き上手？

チェックをしてみて内向タイプと出た人は、もしかしたら落ち込んでいたかもしれませんね。外向タイプのほうがよいと思っている人や、内向タイプであることに引け目を感じている人もいるでしょうから。

しかし、外向タイプが得意だと思われがちなコミュニケーション能力ひとつとってみても、必ずしもそうとは言い切れません。なぜなら、外向タイプが一方的に話す

補足

他人との比較ほどストレスになるものはありません。ありのままの自分を受け入れていれば、「あなたは違うね」と言われたとしてもwrong（間違った）「ダメな自分」とはとらえずに、different（異なった）「ありのままの自分でいい」と思えるでしょう。

だけではコミュニケーションは成り立ちませんね。そこには話を聞く人の存在も不可欠で、一般的には内向タイプのほうが聞く力が高いと言われています。

社会とは、得意なことが違う人たちの集まり

　社会に出ると、内向タイプと外向タイプが補い合っている事例がよく見受けられます。それぞれ得意なことが違っているので、お互いが自分の得意なことを受け持ったほうが、生産性も上がるからです。

　たとえば、外向タイプの人が新規顧客開拓の営業に出て、内向タイプの人が既存顧客のフォローをしている場合があります。ここには外向タイプの、行動力や初対面の人とも物おじなく話ができる社交性などの強みが生かされていますし、内向タイプの、関係性をじっくりと深めていく能力や相談ごとを親身に聞く力などが生かされています。

　『Quiet　内向型人間の時代』（スーザン・ケイン著）によれば、「外向型のリーダーは部下が受動的なタイプであるときに集団のパフォーマンスを向上させ、内向型のリーダーは部下がイニシアチブを取る能動的なタイプ

であるときにより効果的」ということが研究によってわかったそうです。つまり、内向タイプも外向タイプも、ともに等しく必要なのです。

TPOで考える

　内向・外向のどちらがすぐれているのかではなく、ともに必要。まず、ここを十分に理解してくださいね。

　次に、自分のタイプの特性を肯定しましょう。自分の内向（外向）的なところが嫌い、反対のタイプの人にコンプレックスや苦手意識がある、という状態がストレスになるので、自分のタイプの長所を理解することが大切です。

　もしかしたら難しいと感じるかもしれません。しかし、TPOや度合いによって、内向タイプ（外向タイプ）がよいと思われる状況と、その逆の状況が存在するだけなのです。だから、あなたの特性が必ずよいと思われるときと場合があるのです。

　具体的に例をあげて、考えてみましょう。

　内向タイプの特徴のひとつに、「活動的ではない」ということがあります。はたして、これは欠点になるのでしょうか？

ある場面においては、そうかもしれません。たとえば、多くの人が参加するパーティーでいろいろな人と顔なじみになっておきたいと思っても、精力的に声をかけて回ることは難しいかもしれません。

しかし、「活動的ではない」ということは、あれこれ目移りせず、1つの課題にじっくり取り組める可能性があります。簡単にあきらめず、注意深く取り組むことで、今まで見すごされていた問題や解決策を発見できるかもしれません。

もう1つ、例をあげてみましょう。

内向タイプの人の特徴である「引っ込み思案」は、マイナスになることでしょうか？

たとえば、会議で積極的な意見が求められているのに発言できないでいると、上司から注意を受けてしまうかもしれません。

しかし、「引っ込み思案」であるということは、自己顕示欲の強い人とも敵対関係にならず、うまくやっていける可能性があります。裏方タイプに向いているでしょうから、人前に立つのが好きな人をうまくサポートすることができます。そうすることで、お互いに弱みを補い合うよい関係が作れるでしょう。

補足

内向タイプの長所

1人で緻密な作業をじっくりと考えながらできる。内省力がある。1人でさまざまなことを解決できる。

・**無口である**
相手の話をじっくり聴ける。

・**マイワールドがある**
周囲の意見に惑わされない。

・**すぐに自己主張しない**
対立を避けることができる。

外向タイプの長所

初対面でも会話が進み、集団で作業が進みやすい。ネットワーク作りがうまい。

・**話し好きである**
場を盛り上げ、話しやすい場を作れる。

・**ほかの人と交流する**
いろいろな意見を楽しめる。

・**意見を言うことに抵抗がない**
考えていることがよくわかって安心する。

あなたのタイプの特性とそれがdifferentであることが理解できたら、次は、あなたとは逆のタイプの特性の理解に進みましょう。

内向・外向が同じタイプの人同士の場合、コミュニケーションのパターンが同じなので、違和感がないことが多いです。逆に、違うタイプの人同士の場合、違和感を覚えたり、ストレスを感じたりすることがあります。

しかし、ここで思い出してほしいのは、タイプが違っているというのはwrongではなくdifferentであるということです。その上で相手のタイプの特性を理解しておくと、よりよい関係が築けるようになります。ぜひ、p20-21の性格チェックリストを使ってみてください。

Chapter 2 あなたに合った学習スタイルを見つけましょう

　あなたは、「学習スタイル」という言葉を聞いたことがありますか？　個性を重視するアメリカでは、大切にされている考え方です。最適な学習スタイルは、人それぞれ異なります。

　ここでは、あなたにどんな学習スタイルが合っているのかを知り、自分に最適な方法を見つけることができれば、資格の勉強などにも役立ちます。

　さて、あなたがテスト勉強をするときに、もっともはかどるのはどんな方法でしょうか？

　人には**優位感覚**というものがあると言われています。きき腕やきき目があるように、優位に働く感覚があるのです。大きく分けると、**視覚型**、**聴覚型**、**体得型**の3つがあります。

- 静かなところで繰り返し書いたり、書いたものを繰り返し見たりして暗記するとはかどるあなたは、**視覚型**
- 録音して繰り返し聞いたり、声に出したりして暗記するとはかどるあなたは、**聴覚型**

補足

3つのほかに、「考える」「挑戦する」のような言葉を使うことがしっくりくる、学問言語的な感覚が優位な、言語感覚タイプもあります。

・音楽を聞きながら暗記したり、寝転がりながら勉強したりするとはかどるあなたは、**体得型**
の可能性が高いと考えられます。

　このChapterにはチェックリストを設けていますので（☞p.32）、のちほど確認してみてください。

効果的な方法で学習するために

　優位感覚を知ることで、どんなことに役立つのでしょうか？

　あなたはこれまで、先生の教え方が何となく合わなくて、その教科が嫌いになったことはありませんか？　たとえば高校のときの化学の授業で、先生がひたすらしゃべり続けるだけでほとんど板書をせず、気がつけば上の空……。テストの点数も下がり、化学が嫌いになった、などのように。あなたは化学という教科が自分に合わなかったのだと思っているでしょうが、もしかしたらその先生の教え方が合わなかっただけで、別の先生に習っていたら、化学が嫌いにならなかった可能性もあります。

　この例の場合、先生は、耳で説明を聞くことで理解する聴覚型の教授スタイルだと考えられます。あなたの学習スタイルは聴覚型ではなく、視覚型だったのかもしれ

ません。だとすると、適宜板書を取り入れて、視覚に訴えながら説明してくれる先生の授業はよく理解できたでしょう。

　自分の優位感覚を理解して、自分に合った学習方法を取り入れることは、自分の可能性を広げるという意味でとても役に立つことなのです。それによって、短時間で効果的な学習ができるようになったという人を私は数多く見てきました。

　また、自分に合った学習スタイルを人に説明できるようになることが大切です。

　たとえば、あなたが体得型の場合、音楽を聞きながらソファーに寝転がって勉強するやり方が効率的かもしれません。

ただ、一般的に、このような方法は「不真面目だ」と思われがちです。夜遅くに、部屋でこのような格好で勉強していると、親から「そんなやり方じゃ勉強できないでしょう！　静かなところで、朝、机に向かって勉強しなさい！」と叱られてしまうかもしれませんね。
　でも「人には優位感覚がある」という考え方を知っていれば、「人には優位感覚というものがあって、学習スタイルには個人差があるんだよ。私は体得型だから、このスタイルが効率的なんだって」と、親に論理的に説明することができます。
　「人には優位感覚がある」ということを知らなければ、自分が信じてやってきた学習方法や、先生から教わった学習方法を、唯一の正しいやり方と考えてしまいがちです。もしかしたら、あなたも「勉強とはこうするべきだ」という常識にしばられてきたかもしれませんね。
　自分の能力を最大限発揮できるように、次のページのチェックリストで、しっかりと自分に合った学習スタイルを見つけましょう。

学習スタイルチェックリスト

　チェックリストを使って、あなたの優位感覚をチェックしてみましょう。あてはまる項目に○をつけてください。

1　視覚型
- [ ] 単語や漢字は何回も書いて覚える
- [ ] 講義や会議中のメモやノートをきっちり取るほうだ
- [ ] 相手の外見（顔、ヘアスタイル、持ち物、洋服など）を記憶しているほうだ
- [ ] 文章で書かれたマニュアルがあると安心する
- [ ] 本を読むことは好きなほうだ
- [ ] 静かなところで勉強するほうがはかどる

2　聴覚型
- [ ] 本よりセミナーなどに参加したほうが、理解が進む
- [ ] 相手の外見より話した内容を記憶している
- [ ] 説明書を読むより人に聞いたほうがPCなどの操作を覚えられる
- [ ] どちらかというとメールより電話が好きだ
- [ ] 暗記するときは、書くより声に出して繰り返すほうだ
- [ ] 音読したほうが、理解が進む

3　体得型
- [ ] 説明書は見ないですぐにPCなどを実際に動かしてみる
- [ ] 勉強などは体を動かしながらするほうがはかどる

Chapter 2 あなたに合った学習スタイルを見つけましょう

- ☐ 音楽を聞きながら勉強などをすると集中できる
- ☐ まずは自分で実際にやってみる、体験重視のタイプだ
- ☐ 音楽を聞くと自然に体が動く感じになる
- ☐ 寝転びながら勉強したほうがはかどる

　いかがでしたか？　あなたがこれまでやってきた学習方法と一致していましたか？

　結果の見方について、説明しておきます。まず大事なのは、どれにあてはまったとしても、優劣はないということです。自分の特徴として認識し、その特徴をどう生かすかを考えてください。

　どのタイプもバランスよく○がついたという人もいると思います。その人は、視覚、聴覚、触覚（体得型は触覚優位です）がまんべんなく使える人です。自分の学習方法を振り返ってみて、使えていないと思う感覚があった場合、意識的に使ってみるといいでしょう。

　大事なことは、自分の優位感覚を知るだけでなく、それを今後の学習にどう生かすかということです。次のページでは、優位感覚を知った人がどのように活用したか、エピソードをいくつか紹介します。

> **Episode 1**
> アルバイト先で先輩が口頭で説明してくれたけど、一度で覚えられなかった。学習スタイルが違うんだと気がついて、メモをしっかり取って自分用のマニュアルを作ったらうまくいった。教えてくれる人と自分のタイプが一緒だとは限らない。自分は視覚型なので、メモを取るのが合っている。

> **Episode 2**
> 僕は何人かの家庭教師をしているが、学習スタイルが子どもによって違うことがよくわかった。頭が悪くないのにどうしても九九が暗記できない子がいて、視覚的に表で覚えるようにしたら、すぐに理解できた。音楽を聞きながら勉強するので、母親がいつも強制的にやめさせようとしてバトルになった子どももいた。この母親に学習スタイルのことを説明したら、納得してくれた。

> **Episode 3**
> 家電などの取扱説明書を理解するのが難しくて、操作に慣れるまでいつも苦労していた。自分の学習スタイルが視覚型ではなく聴覚型とわかったので、自分の頭が悪いのではなく、スタイルが違うだけと思えたら、ほっとした。そして口頭で説明してもらえれば、理解できることがわかった。

　以上、私の授業を受けてくれた大学生のエピソードです。優位感覚の知識は、資格勉強などにも当然使えます。ぜひ、自分のために活用してみることをおすすめします。人に何かを教えるときも、相手のタイプに合わせることで、

コミュニケーションがうまく取れるようになるでしょう。

視覚型、聴覚型、体得型という分類以外に、環境の違いで分類する見方もあります。これらを参考にして、あなたに最適な学習スタイル、環境を見つけてください。

> **あなたが集中できるのは、どんなときですか？**
>
> 時間にゆとりがあるとき・時間がなくギリギリのとき
> 友だちと一緒のとき・一人のとき
> 明るいところ・少し暗いところ
> 朝（早朝）・夜（深夜）

情報処理にもパターンがある

また、人には情報処理の方法として2パターンあるとされています。あなたは、レポートやプレゼンテーションの準備は得意ですか？　苦手だなと思う人は、自分に合っていない方法で取り組んでいる可能性があります。

1つ目は同時処理型で、主張したいことが次々と同時に出てくるタイプです。マインドマップなどを活用して全体の関連性を見ながら取り組むのがよいでしょう。

2つ目は継次処理型で、時系列で順序立てて考えるの

が得意なタイプです。あらかじめ、目次や構造化されたパターン、優先順位を決めたりしておくと、スムーズにまとめられるでしょう。

> **同時処理型**
> - ☐ ブレインストーミングが好きだ
> - ☐ アイデアをたくさん出すことは得意だが、時系列にまとめるのが苦手だ
> - ☐ 本は興味のあるところから読む
> - ☐ 話が時系列ではなく、よく飛ぶと言われる
> - ☐ 個々の項目の全体的な関連性を重視した上で、細部を詳しく書いていく
>
> **継次処理型**
> - ☐ 目次を作ってから文章を書く
> - ☐ 一貫性を重視する
> - ☐ 本は最初から順序よく読む
> - ☐ 話題がコロコロ変わる人と話すのが苦手だ
> - ☐ 起承転結など、順序立てて細部を詳しく書いていく

　先輩やチームのメンバーが同じタイプであればスムーズに完成できますが、異なる場合はストレスを感じることもあるでしょう。チームで取り組むときには、メンバーと自分のタイプを把握して、それぞれのよいところを生かしながら相乗効果を狙いましょう。

Part. 2

Journey for True your Potential

Part.2 「自分らしさ」と可能性を引き出しましょう

Chapter 1 ポジティブシンキングを生み出すコツを知ろう

　言葉は、あなたがどういうイメージで受け取るかによって、その意味合いが変わってきます。ネガティブなイメージの言葉でも、ちょっとしたコツをつかむとポジティブなイメージとしてとらえることができます。

　ここで、ある例をあげてみましょう。

Chapter 1　ポジティブシンキングを生み出すコツを知ろう

> **Q** 次のようなことを言われたとき、A君、B君、C君はそれぞれ違った行動をとりました。
>
> 先輩から「お前のしゃべり方、ゆっくりしてるな」と言われて……
>
> **A君**（もっと早く話せと叱られたと思ったので）「すみません」と謝る
>
> **B君**（丁寧でいいと褒められたと思ったので）「ありがとうございます」とお礼を言う
>
> **C君**（特に何も感じなかったので）「そうですか？」と受け流す

　さて、あなたは誰の反応に近いですか？　あるいは、「ゆっくり」という言葉を、あなたがグサッとくるマイナスの言葉に置き換えてみるとどうでしょう？

　これらの3人の反応は、「ゆっくり」という言葉をどう受け取ったかによって違ってきています。

　A君は、「ゆっくり」という言葉を「のろま」のイメージでネガティブに受け取ったため、謝るという行動になりました。B君は、「丁寧」のイメージでポジティブに受

け取ったため、お礼を言うという行動になりました。C君は、ニュートラルに受け取り、どちらの反応でもありませんでした。

　つまり、言葉をどういうイメージで受け取るかが非常に大切だということです。できればよいイメージで受け取りたいですよね。このChapterでは、それができるようになるワークをしましょう。それによって、あなたは自分自身を、よりポジティブにとらえることができるようになります。

私たちはフィルターを通してものごとを見ている

　ある人のスピーチの印象を参加者に聞いたところ、「やさしそう」「人がよさそう」という意見に交じって、「だまされやすそう」という意見がありました。このスピーカーはショックを受けていましたが、あなたにも似た経験はありませんか？

　しかしこれらの意見はすべて、スピーカーの中にある同じ性質を指しています。それを「人がよさそう」と感じた人と、「だまされやすそう」と感じた人がいたということです。それぞれの言葉を受け取ったときの印象は

まったく違いますが、元をただせば見ているものは同じなのです。

では、どうしてこうなるのでしょうか？ それは、私たちはものごとをありのままに見ているのではなく、必ず過去の体験や経験によってできた何らかのフィルターを通して見ているからです。先ほどの例は、単にスピーカーの性質をネガティブに見るフィルターを持った人と、ポジティブに見るフィルターを持った人がいただけのことなのです。

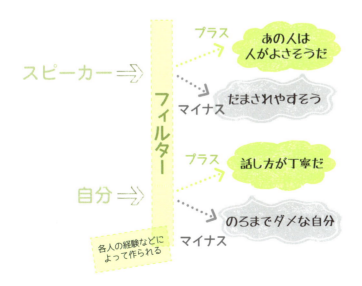

さらに、私たちは他人だけでなく、自分自身も含めてあらゆるものをフィルターを通して見ています。ほとんどの人は、そのようなフィルターをかけていることに気づいていません。

　だから、冒頭のA君のように

　　「私＝ゆっくり＝のろま＝ダメ」

と思い込んでしまうのです。

　これは、事実ではありません。あなたがダメだと思い込んでいる性質は、ネガティブなフィルターを通しているから、そう見えているだけなのです。すべての性質は、ポジティブでもなければ、ネガティブでもありません。フィルターによって変わるだけです（☞p.41）。

　「だまされやすそう」な性質が「人がよさそう」とも表現されるように、すべての性質は、必ずポジティブな側面から見ることができます。これを理解することで、あなたが欠点だと思っている性質を、ポジティブにとらえなおすことができるようになります。

セルフエスティームを高める

　あなたが、失敗したと感じるときもちょっとしたこと

Chapter 1　ポジティブシンキングを生み出すコツを知ろう

　で、あなたの自己イメージは高まります。そして**セルフエスティーム**（自尊感情）も高まります。

　セルフエスティームとは、「自分の持つ自己イメージを評価し、自分を大切にしようと思う気持ち」のことです。これが高いと、いじめや挫折を乗り越えることができ、ウツになりにくいと言われています。

　自己イメージとセルフエスティームは、次のような構造になっています。

```
          セルフエスティームが
              高まる
    ↑                      ↓
自己イメージが            行動する
  高まる ←                   ↓
      素直に喜ぶ            成功
自分が大切な  感謝される      ↓
存在と思える ←             失敗
      言語・非言語のねぎらいなどによる癒し
```

『おっちょこちょいにつけるクスリ』ぶどう社　p91 一部改変

Part. 2 「自分らしさ」と可能性を引き出しましょう

　あなたはあなた自身を人や自分の言葉によるイメージでとらえていませんか？

　たとえば「キミはのろまだね」「私はゆっくりしている」など……これらの言葉から自己イメージが作られます。そして、この「ゆっくり」という自己イメージに対して、評価したあと、その自分を受け入れて大切な存在だと思うこと……これがセルフエスティームです。

プラスの自己イメージ→→セルフエスティームが高い
マイナスの自己イメージ→→セルフエスティームが低い

が基本です。

　しかし、マイナスの自己イメージでも、よい・悪いの評価を超えて、それが自分らしさだと受け止めて自分を大切にする、このプロセスこそが重要です。

　自己イメージはまず、他人の評価に影響を受けます。褒められてばかりいて、たとえば「優等生」というプラスの自己イメージが固まると、素の自分との間にギャップが生じ、セルフエスティームが低くなることがあります。

　一方で、ケアレスミスが多く、マイナスの自己イメージができても、「ケアレスミスするのも自分、そんな

補足

作られた自己イメージと素の自分にギャップが生じてしまうパターンには2つあります。
・作られたイメージが優等生、真面目など、イメージがよすぎて苦しむケース
・作られたイメージが不良、ダメな子など、イメージが悪くて苦しむケース

自分を責めずに大切にしよう」と思えるとセルフエスティームが高くなることがあります。つまり、不完全であってもありのままの自分を好きになる、これがセルフエスティームを高めることであり、幸福への道でもあります。

　セルフエスティームを直接高くするのはなかなか難しいものです。そこでおすすめしたいのは、自分の性質をポジティブな言葉に変えることです。これを、「**言葉のリフレーミング**」と言います。これによって、自己イメージがプラスになり、結果としてセルフエスティームも高まりやすいのです。

> **補足**
>
> **リフレーミング**
>
> ものごとを別の視点からとらえて、認知の枠組み（フレーム）を変えること。ものごとの意味づけを変えれば、行動や反応も変わる。

ポジティブな側面にスポットライトをあてる

　たとえば、「だまされやすい」というマイナスの自己イメージを持っていると、なかなかセルフエスティームは高められません。それを「人がよい」のようにプラスの表現へ変えるのです。言葉によってイメージはまったく変わってくるので、よいところに焦点をあてた表現を考えましょう。これは単なる言葉遊びではありませんよ。なぜなら、元々はどちらも同じ性質を指しているからで

す。元々の性質によい・悪いはなかったのでしたね。だから、ポジティブな側面に焦点をあてればいいのです。

このような言葉を変える「言葉のリフレーミング」は、慣れてくると簡単にできます。セルフエスティームを高めるためにも、まずは言葉から変えましょう。

シーン別にプチメソッドを作ろう

「言葉のリフレーミング」に使える面白いものがあります。それが、「ネガポ辞典」です。ネガポ辞典とは北海道の高校生が発明したもので、ネガティブな表現をポジティブな表現にチェンジした例が載っています。アプリもありますので、ぜひ参考にしてください。

「私は○○だなあ……」と落ち込んだときは、「○○」をポジティブな表現にチェンジしてください。それによって、自己イメージとセルフエスティームが高まります！

さらに、チェンジした性質がどのような場面で役立つかを考えてみてください。すべての性質は、フィルターによってポジティブかネガティブかが変わるだけ。ネガティブな性質だけというものではありません。あなたの性質が必ず役に立つ場面があるのです。

> **補足**
>
> もしチェンジするのが難しいという人がいれば、人の意見を素直に受け取ってみることをおすすめします。自分に対する見方は固定されがちです。他人にかけてもらった言葉を素直に受け取ることで、自己イメージを広げましょう。

A君のケース

あなたが欠点だと思うことを、右に書いてください。	私は、 話すのがゆっくりで、のろまなところだと思います。
ポジティブな表現にチェンジ！	私は、 丁寧に話すことができます。
ポジティブワード変換リスト	・頭が固い→信念・意志が固い、ぶれない、自己主張ができる ・頭が悪い→謙虚、自慢しない ・怒りっぽい→感情表現が豊か ・忘れっぽい→リラックスしている ・言うことがすぐに変わる→柔軟性がある、ひらめく ・おっちょこちょい→ユーモラス、場を和ませる ・不器用→プレッシャーを与えない ・ネガティブ→慎重、思慮深い
チェンジしたあなたの性質をどのような場面で生かしたいですか？	私は、 相手が理解しているかをしっかりと観察しながら、丁寧に話すことができる という性質を持っています。 それを、 子どもが好きなので、保育園でのインターンシップ の場面で生かしたいです！

Part.2 「自分らしさ」と可能性を引き出しましょう

ワーク

あなたが欠点だと思うことを、右に書いてください。	私は、
ポジティブな表現にチェンジ！ 思いつかないときは、p.47のポジティブワード変換リストを参考に！	私は、

書くときのヒント
・コピーライターになったつもりで、自由に楽しくやりましょう。
・多くの人とやってみると、いろんな視点から見られるので、チェンジしやすいです。ぜひグループでやってみてください！

| チェンジしたあなたの性質をどのような場面で生かしたいですか？ | 私は、

　　　　　　　　　　　　　　　　という性質を持っています。

それを、

　　　　　　　　　　　　　　　の場面で生かしたいです！ |

Chapter 1　ポジティブシンキングを生み出すコツを知ろう

ABOUT MYSELF

このChapterで、どのようなことを学びましたか？
新たな気づきはありましたか？

あなただけのプチメソッドを作りましょう。	実際に生かせた場面を書いてみましょう。

Chapter 2 苦手意識を解消しましょう

　人には、苦手意識というものが存在します。「嫌だな……」という気持ちを持つのはごく自然なことですね。でも、その意識にとらわれすぎて損をしていませんか？

　そんなあなたに、苦手意識を解消するためのちょっとしたコツをお教えします。まず、1つの例からみていきましょう。

> **Q** A君はプレゼンが苦手です。しかし、明日はセミナーでの発表がありプレゼンをすることになっています。
> さて、次の1～3のうち、あなたに近いタイプはどれですか？
>
> **1** （前回のプレゼンで「もっと堂々と話しなさい」と言われたことを思い出して）今回もきっとダメだと何も手につかなくなる
>
> **2** （ある人が、「でも分析はよかったよ」と褒めてくれたことを思い出して）内容だけでも完璧にしようと思い、話し方よりも詳細

> 3　なデータ分析に重点をおく
> 　　（分析を褒めてくれた人が自分と似たタイプだということを思い出して）その人のプレゼンを思い出して、まねをしてみる

さて、どうでしたか？

1だと、たとえほかによい能力を持っていたとしても、それを発揮することが難しくなってしまいそうです。

2は、自分の強みを磨きこむ、なかなかよい戦術ですね。ただし、分析データは発表に必要な程度というものがあり、それを超えて細かく分析しても、誰も興味を持ってくれないリスクがあります。さらに、話し方に自信がないのは変わらないため、プレゼン全体として評価が得にくくなる可能性が残ります。

3は、自分の弱点を見据えて、「ではどうすればいいか？」を考え、自分なりに工夫しています。明日のプレゼンで即効果が出るとは限りませんが、このような工夫を続けていくことで、いずれ苦手意識を克服できる可能性があります。

Part.2 「自分らしさ」と可能性を引き出しましょう

　2と3は、どちらを選んでも間違いというわけではありません。「あなたがどうありたいか？」で決めましょう。ただ、もし自分でも話し方の改良が必要だと考えているならば、その弱点に向き合う覚悟をもちましょう。

　とは言ってもなかなか向き合えない……。その気持ち、とてもよくわかります。苦手なことに向き合うのはエネルギーのいることですから。ただ、その苦手意識を解消できるワークがあると聞いたらどうでしょう？　やってみたくはないですか？

　順序は、こんな感じです。

- **Step1**　苦手なことを思い浮かべる
- **Step2**　100％を部分にする
- **Step3**　条件を明確にする

　コツをつかめばすぐにできるようになりますが、トライする前に次のことを知っておいてください。

どこに焦点をあてるかで、感情と行動が変わる？

　冒頭の例には、共通するフレーズが使われていました。

それは、「……を思い出して」というフレーズです。

1　ネガティブなことを思い出し、それにとらわれて何も手につかなくなってしまった
2　ネガティブなことを思い出したけれども、同時に褒めてくれた人もいたというポジティブなことも思い出し、その言葉を頼りに自分の得意なことに注力した
3　分析を褒めてくれた人が自分と似たタイプであるという、一見まったく関係のないことを思い出して、そこから苦手意識を克服するアイデアを思いついた

　このように、何を思い出すかによって感情が変わり、次にとる行動も変わってきます。それによって、当然結果も変わってくるでしょう。
　大切なのは、過去のどの記憶を思い出すかということです。言い方を変えれば、過去の記憶のうち「どこに意識的に焦点をあてるか」ということなのです。苦手意識を解消するワークのコツは、ここにあります。

　それでは、A君を例にやってみます。

Part.2 「自分らしさ」と可能性を引き出しましょう

● **Step1** 苦手なことを思い浮かべる

　A君は、人前でプレゼンをするということに苦手意識があるのでしたね。苦手意識は、必ず過去の記憶に由来しています。過去の失敗した体験や、苦い思いをした体験"だけ"に焦点があたっている状態です。そのため、「ぼくは"いつも""どんなときも"プレゼンが苦手だ」と思い込み、うまくできた記憶は覆い隠されていました。

● **Step2** 100％を部分にする

　「あなたが苦手なのは、いつもですか？」
　「どんなときも苦手ですか？」
　これらの魔法の質問の目的は、視野を広げることによって、「100％を部分にする」ことです。これらの質問によってA君の視野が広がり、過去のうまくいった体験に焦点をあてることができます。「100％できない！」という思い込みを、「もしかしていつもじゃないかも」「できるときがあるかも」と思えるようになる質問をしてください。

> **補足**
>
> もしも、「いつもです」という人がいたら、視野を広げてみましょう。そのためにもっともよいのは、友人や家族に聞いてみることです。
> ※このワークをできなかったごく少数の人の共通点は、あまりにも重すぎる課題をテーマにしたことでした。トラウマになっているようなことは、別のアプローチが必要になります。

● **Step3** 条件を明確にする

　「では、どんなときにそれができますか？」

Chapter2　苦手意識を解消しましょう

A君のケース

Start	人前でプレゼンをするのが苦手だ。どうしても緊張してしまう。何とかしたい！	
Step1	苦手で、解消したいと思っていることを思い浮かべてください。	私は、人前でプレゼンをすることが苦手です。
Step2	あなたが苦手なのは、いつもですか？どんなときも苦手ですか？ *いつもプレゼンが苦手なんだろうか？どんなときもプレゼンで失敗してきただろうか？*	・同期の前でやったプレゼンはそこそこうまくいったかもしれない。 ・プレゼンではなかったけれど、高校のときに"自分の大好きなこと"というテーマで発表したときはうまくいった。
Step3	どんなときにそれができますか？	・前回は初めて見る人もいて、いつもより緊張していたが、知っている人の前ではうまく話せる。好きなテーマについて話すとき、内容を理解できているときはうまく話せている。
Goal	対策を考えましょう。	知らない人の前で、あまり興味のないことをプレゼンすること"だけ"が苦手だということに気がついた。 うまくいく条件を見つけて、それを繰り返そう。 プレゼンのテーマに興味が持てるように、友人とテーマについて話す機会を作ろう。 知らない人の前で話すのが苦手なのはプレゼンに限らないため、普段から意識して練習しよう。

これはStep2での気づきを明確にするための質問で、うまくいったときの条件を明確にすることが目的です。できる条件が明確になることで、対処方法を考えることができるようになります。

　コツは、うまくいったのは「自分に能力があったからできたんだ！　だから次もきっとできる」と、「自分ができる力を持っていて頑張ったから」「それは永続的である」と楽観的にとらえることです。

　うまくできない人は、「うまくいったのはたまたまで、自分に能力があったからではない」と、うまくいったのは「自分以外のものが原因だったから」「それはたまたまだった」ととらえていることが多いようです。

　このようなとらえ方は、失敗したときにしましょう。失敗したときに、「たまたま条件が悪かったから失敗しただけで、自分には能力がある」と楽観的にとらえるのです。これだけで、意識はずいぶんと変わってきます。

　私が大学の授業でこの方法を紹介したときは、99％の人が「できる条件」を探し出し、苦手意識を軽減することに成功しています。ぜひ、簡単なことからやってみることをおすすめします。とても使えるスキルです。

　あなたもトライしてみてはいかがですか？

ワーク

Start まずは　　な事　からトライしてみましょう。

Step1 苦手で、解消したいと思っていることを思い浮かべてください。

私は、

　　　　　　　　　　　　　　　が苦手です。

Step2 あなたが苦手なのは、いつもですか？どんなときも苦手ですか？

Step3 どんなときにそれができますか？

Goal 対策を考えましょう。

自分のことが嫌いなあなたへ

　もしかしたら、みなさんの中には自分のことが嫌いだと思っている人もいるかもしれません。これも苦手意識と同じメカニズムです。つまりあなたは、「自分のことが嫌いだと感じる性格や行動」に焦点をあてすぎていませんか？

　「どこに焦点をあてるか」ということは、人生を生きていく上でとても大切なことです。あなたは100％、どんなときも、あなたのことが嫌いなのでしょうか？

　そうではないはずです。割合は小さいと思うかもしれ

ませんが、好きな自分に焦点をあてることを意識しましょう。焦点のあて方次第で、あなたは自分を好きになることも、嫌いになることもできます。自分に自信を持つことも、自信をなくすこともあなた次第なのです。「どこにスポットライトをあてるか」。ぜひ今後も意識してくださいね。

Part. 2 「自分らしさ」と可能性を引き出しましょう

Episode

　私は、どうしても初対面の人と話すのが苦手だった。そこで、「いつも苦手なのか？」を自問自答してみた。

　ある日、就職活動を終えた人と話す機会があって、同じ苦労を乗り越えてきたことで話が盛り上がった。このときに気づいたのは、共通の話題で話をしているときに初対面かどうかは関係がないことだった。

　その後、初めて会う人と話すときには共通の話題を見つけることを意識した。すると、自分から話しかけることができるようになったし、初対面の人同士が集まる中で、全員の共通点を見つけて会話をしたら、場を盛り上げることもできた。

　もっとも大きな気づきは、思っていたよりも自分は人との会話が苦手じゃなかったのかも、ということだ。「人見知りだから、人と話すことは苦手だ」と思い込んでしまっていた。人見知りをしない人と比べて落ち込むのではなく、自分なりにできたところに注目することが大事なのだと思う。

ABOUT MYSELF

🗝 このChapterで、どのようなことを学びましたか？
新たな気づきはありましたか？

実際に生かせた場面を書いてみましょう。	それによって、あなたはどのように変化しましたか？

Chapter 3 目標達成力を高めましょう

　このChapterの目的は、あなたの目標達成力を高めることです。あなたに合ったやる気の出し方をたくさん知って、レパートリーを増やしましょう。そして、最後までやりきる"脳力"がつけば、自然と目標達成力は高まっていきます。

Q あなたは、提出期限が1カ月後に迫っているレポート課題を抱えています。次のうち、あなたならどうしますか？

1　スケジュールを立てて早めに書き上げる

2　ギリギリになってから、自分を追い込んで書き上げる

3　やる気が出ないので、なりゆきに任せる

1のように、早め早めの準備で「大丈夫」という安心感を得ることによってやる気が出る人もいれば、2のように、ギリギリにならないとやる気が出ない人もいます。このような違いがあることを知らないと、パートナーやチーム内のメンバー、そして親とトラブルになることがあります。自分と相手がどういうときにやる気が出るのかを知っておくことは重要です。

また、やる気が出る条件はひとつではないので、ケースバイケースで考えてください。あなたに合ったやる気が出る引き出しをいくつも知って、状況に応じて使いこなせるようになれば、今以上に勉強や仕事がはかどるでしょう。

あるいは、3のように、やる気がなかなか出ないという人もいるでしょう。そんな人は、ものごとを最後までやりきる"脳力"である実行機能のチェック（☞ p.70）をやってみましょう。あなたの目標達成を妨げている原因が見つかるかもしれません。

それでは、実際に次の順序でみていきましょう。

- **Step1** やる気の出し方のパターンから、自分に合った条件を見つける
- **Step2** 実行機能がわかるチェックリストで目標達成の障害になっている原因を把握する
- **Step3** 原因が見つかったところで、克服する対策を学ぶ

- **Step1 やる気の出し方のパターンから、自分に合った条件を見つける**

　あなたは上手にやる気を出せていますか？「やる気を出す」というと、どうしても大変そうなイメージがくっついてくる感じがするかもしれませんね。そんな人におすすめなのが、「やる気スイッチを入れる」という表現です。こう表現することで、スイッチをポンと押すと、自分で手軽にやる気を出せる感じがしませんか？

　自分の頭の中でイメージすることはとても大切です。そして、あなたのやる気が出る条件を知ることで、スムーズにやる気スイッチを入れられるようになります。

　人のやる気が出るとき。そのパターンは、大きく分けて4つあります。では、早速みていきましょう。

1. 快・報酬を得ることでやる気が出る
❶ 頑張ればご褒美がもらえる

このパターンを、快の法則と言います。好きなものをゲットするという快の感情をイメージすることで、やる気スイッチをONにするパターンです。たとえば、「このテストが終わったら、おいしいものを食べよう！」とか「あと10分働けば、休み時間だ！」などです。あなたも普段、そのような快の感情をふと思い出し、やる気になるときがあると思います。それをやる気スイッチとして、意識的にイメージすればよいのです。

さらに、そのイメージができる仕組みを作りましょう。たとえば、快のイメージがわいてくる、次の夏休みに行く予定の海の写真などを貼っておくのはいい方法ですね。それを見て、「頑張ろう！」と気持ちが切り替わり、やる気スイッチがONになります。

❷ 嫌なことを避けたいと思う

これは❶とは逆で、嫌な結果など、「不快な感情を避けたい」という動機がやる気スイッチをONにするパターンです。たとえば、「最低限これだけ勉強すれば、不可は避けられる！」とか「今、整理整頓をしておくと、

あとで探し物をしなくていい！」などです。

　プラスとマイナスの因果関係を意識的にイメージするのです。人にはイメージの仕方にクセがあり、多くの人は❶か❷のどちらかだけを使っている場合が多いのですが、その両方を組み合わせて使うことをおすすめします。「不快の排除」は快なのです。ですから、快の状況のイメージと、不快が避けられた状況のイメージによって、効果は倍増します。

❸ 細かく達成感を得る

　人は誰でも、達成感を得たり成功したりすると、疲労感が取れます。そしてその行動を繰り返します。目標のレベルをあらかじめ少し下げて、達成感を得る回数を増やしましょう。それにはスモールステップにすることが効果的です（☞ p.100）。そして、できたことを当たり前と思わず、「やった！　できた！」と自分を褒めることでより大きな達成感が得られます。

2. できるイメージがわくことでやる気が出る

❶ ムリだと思っていたことが、何とかなるかもと思えたとき

　みなさんは、自分にはムリだと思っていたけれども、

Chapter 3 　目標達成力を高めましょう

　ふとしたきっかけで、「もしかしたらできるかも！」とパッと視界が明るくなったような経験はありませんか？ ただ、必ずそのようにできるかと言えば、あのときはたまたまできた……。そう思っていませんか？　実はこれ、再現することができるのです。

　あなたは「ムリ」だと思っているときに、やる気が出ますか？　出ないと思います。でもそれが、「できるかもしれない！」と少しでも思えたら、どうですか？　その可能性を追求して、やる気が出て、「どうやったらできるか」とあなたの脳はやり方を探しはじめるのです。

> 補足
>
> Chapter2（54ページ）の「100％を部分にする」スキルを思い出してください。ポイントは、「いつもですか？」と自分に問いかけること。そうすることで、できる条件が見えてきます。やる気を出すポイントは、100％できないという思い込みを崩し、「もしかしたらこの条件ならできるかも！」に気づくことなのです。

❷ イメージトレーニングをする

　イメージトレーニングによって、脳がリハーサルをします。初めてやることは誰しも不安ですが、イメージをすることで安心感を得られます。安心感を得ることでやる気スイッチが入る人は、イメージトレーニングを積極的に活用しましょう。また、できれば実際に現地へ下見に行ったり、手に触れたりすることで、安心感を得ることも効果的です。

> 補足
>
> スポーツ選手が成功のイメージトレーニングをすることはよく知られていますが、日常生活でも効果があります。

3. 切羽詰まることでやる気が出る

　不安を感じることで、集中力を発揮するタイプがいます。テスト勉強の一夜漬けなど、わざと自分をギリギリまで追い込んで、スイッチを入れるやり方ですね。

　実はあまりこれに頼ることはおすすめできませんが、自分の特性として理解しておくことは大事です。なぜなら、次の「早め早めにやることでやる気が出る」タイプの人に理解されづらいからです。パートナーやチームのメンバー内でタイプが違っていると、切羽詰まるまでやらない行動は非難を浴びる可能性が高くなります。スイッチの入り方が、人それぞれ違うことを理解しましょう。

　なお、このパターンのメカニズムは、できないと思ったことができたとき、特に大きな達成感を感じるため、無意識的にギリギリにやる行動パターンを繰り返してしまうのです。

4. 早め早めにやることでやる気が出る

　3とは逆のタイプです。焦って不安が強くなると脳が機能しなくなるタイプなので、早め早めにやって安心することで、スムーズに行動できます。

安心しているとき、私たちの筋肉にはムダな力が入らないため、どこにも負荷がかからず体を効果的に使うことができます。また、リラックスしていると呼吸が深くなり、全身の血流がよくなります。脳にも十分な血液が行き届くことで、記憶力のアップなどが期待できます。

　いかがでしたか？　あなたに合いそうなやる気スイッチの入れ方は見つかりましたか？　ただ、それがわかっても、どうしても実際にやろうとしたときに最後までできない……。そういう悩みを抱えている人がいるのも事実です。

● **Step2　実行機能がわかるチェックリストで目標達成の障害になっている原因を把握する**

　冒頭で書いたとおり、実際に最後までやりきるためには、実行機能という"脳力"が必要です。

　子どもの頃から、親や先生に「ああしなさい、こうしなさい」と言われても、なかなか最後までできなかった理由は、実行機能のトラブルにあったのかもしれません。まず、このメカニズムをチェックしてみましょう。

「自分らしさ」と可能性を引き出しましょう

実行機能がわかるチェックリスト

あなたの実行機能をチェック！最後までやるための方策を探してみよう。

1 まったくあてはまらない　2 あまりあてはまらない　3 ややあてはまる　4 よくあてはまる　5 非常によくあてはまる

❶ 意志

1　体調が悪いのでできない　　　　　　　　1 2 3 4 5
2　気分が乗らない　　　　　　　　　　　　1 2 3 4 5
3　何をやればよいのかわからない　　　　　1 2 3 4 5
4　眠くてやる気になれない　　　　　　　　1 2 3 4 5
5　難しすぎてやりたくない　　　　　　　　1 2 3 4 5

　　　　　　　　　　　合計スコア　　　÷5＝ 平均スコア

❷ 計画の立案

1　計画が立てられない　　　　　　　　　　1 2 3 4 5
2　何から始めたらよいのかがわからない　　1 2 3 4 5
3　必要なものがそろわない　　　　　　　　1 2 3 4 5
4　実現不可能な計画を立てる　　　　　　　1 2 3 4 5
5　時間配分が悪い　　　　　　　　　　　　1 2 3 4 5

　　　　　　　　　　　合計スコア　　　÷5＝ 平均スコア

❸ 目的ある行動

1　計画倒れになる　　　　　　　　　　　　1 2 3 4 5
2　途中で他のことをやる　　　　　　　　　1 2 3 4 5
3　過集中でやめられない　　　　　　　　　1 2 3 4 5
4　やることを忘れる　　　　　　　　　　　1 2 3 4 5
5　集中力が途切れる　　　　　　　　　　　1 2 3 4 5

　　　　　　　　　　　合計スコア　　　÷5＝ 平均スコア

❹ 効果的に行動すること

1　机の前に座ってはいるが、ダラダラして進まない　　1 2 3 4 5
2　休憩が長くなる　　1 2 3 4 5
3　効率が悪い　　1 2 3 4 5
4　時間がかかりすぎる　　1 2 3 4 5
5　気がそれたことに気づかない　　1 2 3 4 5

　　　　　　　　　　　　　合計スコア　　÷5＝ 平均スコア

❺ 感情をコントロールすること

1　いったん不安になると億劫になってしまい、行動できない　　1 2 3 4 5
2　イライラすることがあるとやる気になれない　　1 2 3 4 5
3　少しでも失敗するとダメだと思ってしまい、落ち込む　　1 2 3 4 5
4　失敗を気にしてしまい、行動する前に怖くなる　　1 2 3 4 5
5　うまくいかないことがあると、○○のせいだと怒りがわき出る　　1 2 3 4 5

　　　　　　　　　　　　　合計スコア　　÷5＝ 平均スコア

Part.2 「自分らしさ」と可能性を引き出しましょう

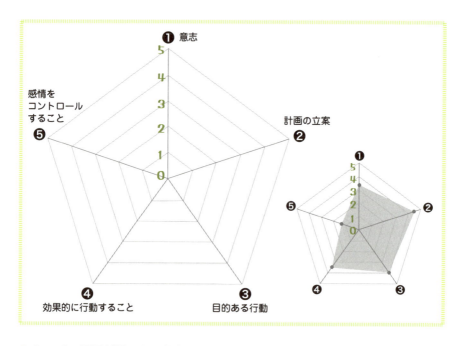

● **Step3　原因が見つかったところで、克服する対策を学ぶ**

　実行機能❶～❹のプロセスを進めるために大切なことがあります。それは、❺感情のコントロールです。

　気持ちが安定していないと集中して実行できないという体験がみなさんにもあることでしょう。最後までできないからといって、「自分はダメ人間だ」と思う必要はありません。もし実行機能が弱点だとわかれば、そこを

強化すればよいだけです。

　ここでは、実行機能をスムーズに回転させる対策を紹介しています。スコアが高かった特性の対策は特に、あなたの習慣に取り入れてください。それによって、あなたの目標達成力はぐんと高くなります。

実行機能の対策

❶ 意志
・ご褒美を設定して、そのためにやる
・不快を避けるという快の状況を作るためにやる
・課題のレベルを下げる（達成感を増やす）
・ちょっと頑張ればできる課題を最初にやる
・スモールステップにしたり課題の量を少なくしたりして、早めに達成感を味わえるようにする

❷ 計画の立案
・作業の時間を正確に見積もる
・現実的なスケジュールを作り、管理する（時間の管理）
・優先順位を決める
・計画は必要に応じて途中で修正する
・ものや情報を整理する方法を工夫する

Part.2 「自分らしさ」と可能性を引き出しましょう

❸ 目的ある行動
・音など刺激のない環境を作る
・タイマーやリマインダーの活用
・注意散漫にならないように工夫する
・予定通りになるように進捗状況をチェックする

❹ 効果的に行動すること
・自分の学習スタイルの理解と活用
・結果を出すために自分の行動を分析し、動く
・効率的に実行できる条件を探し出し、実行する
・気がそれているとき、集中すべきことにもどる
・失敗から学ぶ

❺ 感情をコントロールすること
・水を飲んで深呼吸する
・「できる、できる」とプラスの言葉を自分に語りかける
・落ち着く行動パターンを決めておく
・できている自分をイメージして今やるべきことに集中する
・考えても変わらないことは考えず、作業のことを考える

Chapter 3 目標達成力を高めましょう

ABOUT MYSELF

🔑 この Chapter で、どのようなことを学びましたか？
新たな気づきはありましたか？

実際に生かせた場面を書いてみましょう。	それによって、あなたはどのように変化しましたか？

Part.2 「自分らしさ」と可能性を引き出しましょう

あなたの座右の銘を見直してみましょう

あなたが大切にしている言葉や格言は何ですか？

それがときとして自分を苦しめることになると、考えたことはありますか？

ここでは、無意識のうちにインプットされた価値基準を見直すために、座右の銘を例にあげてみます。

> **Q** あなたは、仕事中に大きな失敗をしてしまいました。そのとき、自分にどんな言葉をかけますか？
> そしてその言葉は、3つのうちどのグループにあてはまりますか？
>
> 1 **自責系**（「何でこんなこともできないんだろ」など）
>
> 2 **他責系**（「ちゃんと教えてくれなかった先輩が悪い」など）
>
> 3 **気合系**（「ネバーギブアップ」や「七転び八起き」など）

Chapter 4 あなたの座右の銘を見直してみましょう

　あなたは失敗したとき、自分にどんな言葉をかけますか？　そしてそれとは別に、この選択肢からどれを選ぶのが「正しい」と思いますか？　どれにあてはまったかは別にして、ほとんどの人が、3が「正しい」と思ったのではないでしょうか？

　Chapter1と2では、あなたがネガティブだと思い込んでいる性質をポジティブにとらえるスキル、苦手意識を解消するスキルを学びました。つまり、ネガティブな思い込みを解消することで、ほんとうのあなたらしさを見つけてほしいというアプローチでした。

　このChapterでは、ポジティブだと思い込んでいた価値基準があなたの才能を隠していたり、自分で自分を苦しめてしまったりする可能性があることに注目します。ですから、実はこの質問の答えは、一見するとポジティブで「正しい」と思いがちな3ではなく、それぞれの選択肢は、TPOやその度合いによってよいときも悪いときもあるというのが正しいのです。

常に同じ価値基準で
対処しようとしていませんか？

　みなさんはどんな座右の銘を持っていますか？　大切にしている言葉、心の支えになっているような言葉です。あなたの価値基準になっている言葉かもしれません。

　価値基準というとなにか小難しいイメージがありますが、具体的に説明していきましょう。

　たとえば、あなたが初対面の人に対して「いい人」「ちょっと苦手」と感じるのはどんなときでしょうか？

　「やりたい仕事」と「嫌な仕事」を決めるときもそうですが、そこには「あなたの基準」があります。快と不快、OKとNG、好きと嫌いなどの選別基準は人それぞれ個人差があり、その基準の元になっているのがあなたの価値基準なのです。

　そして、あなたが大事にしている座右の銘は、あなたの価値基準そのものです。

　座右の銘として、「ネバーギブアップ」など闘志を燃やす気合系の言葉があります。失敗したときに「ネバーギブアップ！」と言って闘志を燃やし、くじけそうなときも何度も立ち上がる。エネルギッシュで、とってもい

い感じです。では、これらの言葉に、ネガティブな要素などない！……でしょうか？

つらい状況に追い込まれて、体はボロボロ、もう頑張るのはムリ！　と心と体が悲鳴をあげているのに、まだ「ネバーギブアップ！」とひたすら前進しようとすることが、いつもよい選択と言えるでしょうか？

ある学生さんは、部活も勉強もアルバイトも「ネバーギブアップ！」の精神で、睡眠時間を削って頑張り続けたところ、極度の疲労状態となり、入院してしまいました。

自分の価値基準が絶対に正しいと信じることの4つの弊害

このように自分の価値基準は、当然・常識・当たり前と決めつけると、場合によってはマイナスになることもあります。

1. 価値基準にしばられて柔軟な対応ができない
2. 価値基準を満たそうと自分を追い込み、満たせなかったときに自責が強くなる
3. 価値基準に合わない人を許せず、人間関係が限定される
4. 価値基準をほかの人に押しつける

これらは、ときにはあなたの可能性を狭めることにな

りませんか？

例 **「素直であることが大切、目上の人は絶対尊重」**

年上の人と接するときはいいのですが、たとえば、後輩が反対意見を自由に発言したり、先輩に対して敬語が使えなかったりしたら、その後輩を「ダメ人間」とか「嫌なやつ」と決める基準になっていませんか？

例 **「七転び八起き」**

転んだ原因をきちんと分析できていればいいのですが、ただやみくもに気合いだけで頑張っても同じ失敗を繰り返してしまうかもしれません。また、転んだ原因をじっくり考えようとしている人を、「すぐに立ち上がろうとしない根性のない人間」などと決めつける基準になっていませんか？

自分が大切にしている価値観を少しでも否定されると、自分自身や自分の今までの人生を否定された感じを受けるかもしれません。でも、うまくいかないときには、「この価値基準でいいのか」という視点で見つめなおしてみましょう。そうすることで、自分を責めること（自責）や人を責めること（他責）が減るかもしれません。

"例外" もあることを認めよう

　そこで私は、「座右の銘を100％にするのではなく、例外処理を認める」ことをおすすめします。人生のある局面で、「いつもは"ネバーギブアップ"を大事にしているけれども、ここは例外処理をしたほうがいいかもしれない。ムリをせず、少し休んでみよう」と判断して、「休んでもいいんだ」と自分に許可を与えることが、ときには大切なのです。

　特に、ケガや病気をしてそれまでとは状況が変わったときに、座右の銘が作る価値基準を変えないと、できない自分を責めたり落ち込んだりしてしまいます。大事なのはあなたです。座右の銘ではありません。常にあなた自身を大事にして、座右の銘に振り回されない生き方をしませんか？

その座右の銘は
今のあなたに合っていますか？

　そもそも、あなたはどうして今の「座右の銘」を大事にしているのでしょうか？　こう問いかけられると、ぱっと理由が思い浮かばない人も多いと思います。講義で同じように質問したところ、「子どもの頃に親や先生に言われたから」という人が多くいました。あなたも、時間をとってぜひ考えてみてください。

　親や先生に言われたことが「座右の銘」になるケースが多いことには、理由があります。

　記憶の定着に必要な要因は、「インパクトと繰り返し」の２つと言われています。特に、自分の考え方や価値観が定まっていない子どもの頃に受けた強烈なインパクトや、自分にとって大切な人から繰り返し言われたことは、後々までに残りやすいのです。

　たとえば子どもの頃、「すぐにあきらめず、できるまで辛抱してやりなさい！」と叱られたことのインパクトが強かったり、「七転び八起き！」と何度も繰り返し言われたりすると、それが無意識のうちに価値基準、すなわち座右の銘になりやすいのです。

座右の銘があなたを苦しめる？！

　ここで問題なのが、そのようにしてできた座右の銘が、素のあなたの性質に合っているのかということです。あなたは座右の銘を、自分で「選択」したわけではないかもしれません。無意識のうちにそうなっていた場合、あなたが大事にしている座右の銘が、「ほんとうの自分」に合わず、あなたを苦しめていることがあるのです。また、子どもの頃は確かに役立っていたけれども、今は逆に成長や飛躍の足かせになっているという場合もあります。

　先ほどの例では、「辛抱してやりなさい！」と言われて育った子どもの座右の銘が、「石の上にも三年」になっていたとします。それがしっくりきていればいいのですが、「ほんとうの自分」はあらゆることに興味を持って、新しいことに次々とチャレンジしたい性質であったとすると、合わないときもあります。

　「座右の銘」を大事にすることで、知らないうちに本来の自分のよさにブレーキがかかって、自分らしくない生き方を強いられている可能性があります。それは非常にもったいないことです。

Part 1. 2 「自分らしさ」と可能性を引き出しましょう

ワーク

あなたが大切にしている言葉・格言は何ですか？

大切にしようと思ったきっかけはどんなことでしたか？

プラスに働くとき	マイナスに働くとき

あなたが大切にしている言葉・格言は何ですか？

大切にしようと思ったきっかけはどんなことでしたか？

プラスに働くとき	マイナスに働くとき

ですから、自分の座右の銘が素の自分に合っているかどうかを、ぜひチェックしてみてください。

チェックした結果、「今の価値基準は合っていないのではないか」ということに気づいたら、どうしたらいいのでしょうか？　その場合は、思い切って捨ててしまってもいいんですよ。大事にしてきた座右の銘なので、それは忍びないという人も多いでしょうから、お礼を言って心の奥の箱にしまっておくというのもいいですね。必要ならばまた取り出すこともできますから。

そして、今のあなた、これからのあなたがハッピーになるために座右の銘を新しく考えてみてはいかがでしょうか？　そのときのポイントは、素の自分に合っていること。「石の上にも3年」が合わなかった人の場合、「思い立ったら吉日」のような座右の銘を持つことで、才能がより開花していくかもしれません。

ぜひこれを念頭に、これからのあなたにぴったりの座右の銘を見つけてください。ただし、座右の銘に例外処理を設けていいということもお忘れなく。

Part.2 「自分らしさ」と可能性を引き出しましょう

About Myself

このChapterで、どのようなことを学びましたか？
新たな気づきはありましたか？

実際に生かせた場面を書いてみましょう。（例外処理はできましたか？）	それによって、あなたはどのように変化しましたか？

Part. 3

Journey for
True your Happiness

あなたの中に隠されている「感情」を意識しましょう

　Part2 では、4つの Chapter に分けて「自分らしさ」を引き出すコツを学んできました。

　ここからは、あなたが「なりたい自分」をイメージしながら目標を設定していきます。そのあとに、ハッピーな人生を送れるヒントをお教えします。

　すぐには見つからないかもしれません。でも、大丈夫です。「自分にとっての幸せとはどんな状態？」と問い続けることが、ハッピーな人生へと導いていきます。

　それでは、次の3つのステップを踏んで考えていきましょう。

- **Step1** 「なりたい自分」をイメージする
- **Step2** 求めている幸せのタイプを知る
- **Step3** 目標を設定する

- **Step1** 「なりたい自分」をイメージする

　ハッピーな人生にするためには、自分がこれからどういう人生にしていきたいか、その方向性のあたりづけを

しておくことが大切です。

　あなたは「なりたい自分」がイメージできますか？
まず、思いつくままに書き出してみましょう。

３カ月後になりたい自分

半年後になりたい自分

１年後になりたい自分

□年後になりたい自分（あなたが決めた数字を入れてください）

　これらは今すぐに思いつかなくても大丈夫です！　次の「なりたい自分の質問リスト」の答えを考えていくうちに、少しずつ「なりたい自分」のイメージがわいてくるでしょう。そして、この本を読み終えたときにはそのイメージに向かってスタートを切っていることでしょう。

Part.3 あなたのほんとうの幸せを探しましょう

★ 何でもできる状態のとき、あなたは何をしたいですか？
★ あなたが好きなことは何ですか？
★ あなたが充実感を得るときはどんなときですか？
★ あなたが憧れる人はどんな人ですか？
★ あなたが過去の失敗から学んだことはどんなことですか？
★ あなたが今まで感動したことはどんなことですか？
★ あなたが大切にしている言葉は何ですか？3つ考えてみましょう
★ あなたが人のために何かできるとしたら何をしたいですか？
★ あなたがやりたくない仕事はどんな仕事ですか？

> **補足**
> やりたいことが見つからないときは、このように、反対の質問を考えることもテクニックのひとつです。

　これらの質問を常に自分に問いかけていると、脳はフル回転でその答えを探そうとして、突然、答えが見つかったりします。
　そう、自分に問い続けることが大切なのです。

● Step2　求めている幸せのタイプを知る

　Step1で「なりたい自分」がイメージできたら、次はその「自分」の探求を深めていきましょう。

「お金があれば幸せになれる」、「恋人がいたら幸せ」、「バリバリ仕事をこなして成果を出したら幸せ」……。何を幸福と感じるかは人それぞれですが、突き詰めていくと、どんな感覚、感情になりたいか、大きく3タイプに分けることができます。

　それが、成長・達成感タイプ、リラックス・安心感タイプ、つながり・共感タイプの3つです。

　幸福感には個人差があります。3つのうちどの感情を幸せと感じるかは、性格や経験、価値観によって大きく異なります。ライフステージによっても変化します。

　今のあなたはどのタイプでしょうか。そして、これからはどうでしょうか？

Part.3 あなたのほんとうの幸せを探しましょう

3つの感情チェックリスト

各質問にあてはまると思ったら、チェックリストの下の欄に○をつけてください。横に○の数を合計して、数が多かったものがあなたのタイプです。

1 人がやっていないことをやると元気が出る
2 変化が少ないがほうが安心できる
3 家族（パートナー）や友だちと協力して何かをするのがうれしい
4 新しいことに挑戦するのが楽しい
5 予想できる範囲の安定した状態が好き
6 動物や植物に癒される感じが好き
7 ほしい物がいろいろあり、それらが手に入ったときはとてもうれしい
8 心身ともに無理せずリラックスしたい
9 人のために自分が何かをやれる（人に感謝される）と気分がよい
10 自ら目標を立てて達成できるとうれしい
11 心配ごとがなく平穏無事でありたい
12 家族や友だちと一緒に、感動したり共感したりして一体感を感じたい

1	4	7	10	A
2	5	8	11	B
3	6	9	12	C

成長・達成感タイプ

新しいことや難しいことにトライしたときや、何かで達成感を得たときに「やった！」という感覚を味わうことが好きなタイプです。

- いい成績を取りたい
- 人が知らないことをたくさん知りたい
- ほしい物をゲットしたい
- 前例がないことをやってみたい　など

関連するキーワード

能力開発　挑戦　新奇性　頑張り

 リラックス・安心感タイプ

変化があまりなく、のんびり・穏やかな感覚を味わうのが好きなタイプです。

- 安定した仕事に就きたい
- 大自然の中でのんびりしたい
- 大きな変動がなく、心配や不安がない
- 安心感が大切だ　など

関連するキーワード

安全　安定　ゆとり　落ち着き

 つながり・共感タイプ

仲間と一緒に思いを共有し、助け合う、人のために何かやるときの「うれしい」という感覚が好きなタイプです。

- 友だちや家族と一緒に旅行に行きたい
- 仲間やペットと一緒に楽しみたい
- 誰かを助けて感謝されるとうれしい
- じっくり話し合いたい　など

関連するキーワード

協力　関係性　一体感　感謝

いかがでしたか？

複数のタイプにあてはまると感じた人もいるのではないでしょうか。

実は、人が幸福を感じるときの感情は1種類ではなく、2、3種類が連動していることが多いのです。

「なりたい自分」を考えるとき、「なぜ自分はそうなりたいと思ったのだろう？」と自分に問いかけてみてください。「なりたい自分」の下には、あなたがほんとうに求める感情が隠れていることに気づくことがあります。

ほんとうに得たい感情を理解することこそが、「なりたい自分」の探求といえます。この理解を深めることで、やみくもに「なりたい自分」を求めずにすみます。

この視点から、Step1でイメージした「なりたい自分」を見直してみるとよいでしょう。3つの感情は、さまざまなケースで連動します。次の例を参考に、あなたの場合を考えてみましょう。

3つの感情の中で、あなたが特に得たいと感じる感情をより深められるような方向を目指すことが、ハッピーな人生のポイントになります。

★例1 「いい成績を取りたい」（A：成長・達成感タイプ）
隠れている感情「親から認めてもらいたい」、「親子で良好な関係を保ちたい」（C：つながり・共感タイプ）

　Cが達成されるのならば、「いい成績を取る」以外の何かでも目的は果たされることになります。一方で、いい成績を取って自分なりの達成感があったとしても、親がそれを認めてくれなければCの感情が得られず、ほんとうの目的が果たされないことになります。

★例2 「いい就職をしてお金持ちになりたい」（A：成長・達成感タイプ）
隠れている感情「不安のない安定した人生を送りたい」（B：リラックス・安心感タイプ）

　例1と異なり、やりたいことと求める感情が連動しているため、スムーズに感情を得られやすいです。

★例3 「仲間と一緒に楽しいイベントを成功させたい」（A：成長・達成感タイプ）
隠れている感情「新しいことをして自分を成長させたい」（A：成長・達成感タイプ）、「事業を成功させて安定感のある生活をしたい」（B：リラックス・安心感タイプ）、「仲間と一緒に起業して、達成感を共有したい」（C：つながり・共感タイプ）

　3つの感情が連動している場合があります。ただし、新しいことを始めると、生活が安定しない時期もあります。すべての感情を一致させようとするよりは、自分で優先順位を決め臨機応変に選びましょう。

あなたのほんとうの幸せを探しましょう

ワーク
Step 2でチェックした3つのタイプをふまえて、「なりたい自分」を書き出してみましょう。

あなたはどんな人ですか？プラスの表現で書きましょう。 例：私は有言実行の人間です。	私は、　　　　　　　　　　　　　　　　　　です。 私は、　　　　　　　　　　　　　　　　　　です。 私は、　　　　　　　　　　　　　　　　　　です。
「なりたい自分」はどんな自分ですか？ 例：1年後の自分は、英語で日常会話をスラスラと話しています。	カ月／　　年後の自分は 　　　　　　　　　　　　　　　　　　　　です。
どうしてそうなりたいのですか？ 例：どうしてそうなりたいかというと、世界中の人と会話をしたい、まわりからすごいねと言われたいからです。	どうしてそうなりたいかというと、 　　　　　　　　　　　　　　　　　だからです。
どのように幸せになりたいですか？ 例：そして、海外に住み、やりがいのある仕事をバリバリこなして幸せになります。	そして 　　　　　　　　　　　　　　幸せになります。

● **Step3　目標を設定する**

　「なりたい自分」のイメージが深まったら、今度はあなたが手にしたい目標を立てましょう。

　目標を達成することを意識すると、脳は無意識にその方向に焦点を合わせてくれます。ですから、成功したときの自分をイメージしながら目標を考えてみることが大事です。

　幸せになるための目標を立てるときは、あなたがほんとうに望んでいる幸福感をふまえて考えるようにしてください。

　なぜなら、人はえてして自分が不得意なこと、克服したいことの方向に目標を立ててしまうからです。

　弱点を克服することはもちろん大事です。しかし、それらを直そうとすることばかりに躍起になってしまうと、ほんとうの幸せを手に入れるという観点からはズレてしまいます。ここでは、自分が望む感情をふまえて目標を立てることに注目してほしいのです。

補足

幸福感は、人との出会いや体験で大きく変化していきます。変化のたびに目標を見直して、必要があれば新しい目標を立ててみましょう。自分自身が成長すると、今現在とは違った視点でものごとをとらえられるようになります。たとえば、3年後、5年後、目標を達成できたかどうかを含めて方向性をチェックしてみましょう。

それでは、具体的なやり方を説明します。

❶ 肯定的な表現で目標を立てる

❷ なりたい感情を探る

❸ 期限や数値を入れる

❹ スモールステップにする

❺ 3カ月後をイメージする

❻ 3カ月後のふりかえり

❶ 肯定的な表現で目標を立てる

「〇〇しない」という否定形で目標を立ててしまうと、脳がそれを意識化してしまいます。

ですから、「不合格点を取らない」という目標ではなく、「70点以上取って合格する」というように、肯定的な表現を考えましょう。

❷ **なりたい感情を探る**

　その目標を達成することで、どんな感情になりたいですか？　Step2で見てきたように、「なりたい自分」を突き詰めると、どんな感覚、感情になりたいかということに行き着きます。私たちがものごとを成し遂げたいと思うのは、ある感情を得たいからなのです。

　なりたい感情を明確にするために、言葉で表現してみましょう。思い浮かばないときは、感情リストの中から自分がしっくりくるキーワードを選んでください。複数の感情が連動するケースについては、Step2の例（☞p.95）を参考にしてください。

> **補足**
>
> **感情のリスト**
>
> ワクワク　できてる　自由に　ドキドキ（プラスの意味で）　いきいきと　バリバリ　穏やか　落ち着いて　ゆったりと　安心して　お互いに　人のために　一緒に　仲良く　共感して

❸ **期限や数値を入れる**

　漠然とした目標ではなく、期限や数値などを入れて明確にしましょう。

　たとえば、「やせる」ではなく、「1カ月間で2キロ減量する」。「英語の勉強をする」ではなく、「次の試験で英検準1級に合格する」などです。

　「できるだけ家族と穏やかに過ごしたい」のような目標でも、「1日に1時間は家族と穏やかに過ごせる時間を作る」、「ありがとうを1日10回言う」のようにする

と明確になります。具体的に行動しやすい目標にすることで達成したかどうかがわかるようになり、「できた！」という達成感を得られやすくなります。

❹ スモールステップにする

次に、目標を具体的なスモールステップに落としていきます。

何かをしようと思ったら、できるだけすぐに取り組める簡単なステップを踏むようにしましょう。それによって、脳が安心できる仕組みになっているからです。

細かく目標設定すると頻繁に達成感を味わえるので、やる気スイッチが入りやすくなります（☞ p.66）。

スモールステップの行動を出すにはコツがあります。「○○をやりたい」という目標に対して、「どうやったらできるだろう？」と、自分にやさしく問いかけるのです。「きっとできる」はずという思いとともに自問することで、具体的な行動が出てきやすくなります。

具体的な行動が思い浮かんだら、それを書き出してください。書き出したあとは、実際に行動してみることです。

まず、今から12時間以内にやってみたいことを決めてみましょう。

> **補足**
>
> できればペアになって相手に質問してもらうと、さらに出てきやすくなります。
> A「○○をやりたいです」（宣言する）
> B「○○をやりたいんですね」（共感して受けとめる）
> B「どうやったらできると思いますか？」
> （「あなたは必ずできますよ」という思いを込めて、優しい口調で質問する）
> ※間違っても追い詰めるような口調で質問しないように注意しましょう。

❺ 3カ月後をイメージする

3カ月後、どのような自分になっていたいかをイメージしてみましょう。

イメージトレーニングは、脳の中でリハーサルする効果があります。脳の中で一度経験したことですから、安心して取り組むことができるようになります。コツは、五感を使って深くイメージすることです。完全にイメージするところまでいかなくても、今できるところまで、やってみましょう。

まず3カ月後になりたい姿を1つ選んで、イメージしてみましょう。イメージがつかめたら、半年後、1年後と期間をのばしていきます。

❻ 3カ月後のふりかえり

目標達成のプロセスを、3カ月たった頃にふりかえってみましょう。

達成できた人は、109ページを読んでみてください。幸福感を高めたいあなたに、知っておいてほしいことが書いてあります。

補足

イメージトレーニングの4ステップ

1　お水をゆっくり飲みます。（カフェインや糖質が入ってないもの）
2　目をつぶって、深呼吸（4秒鼻から空気を吸って、6秒ではきます）を3～6回します。
ゆっくり呼吸をすると、どんな空気が感じられますか？色はついていますか？あなたはそのやわらかい空気に包まれて、ゆっくりとリラックスしていきます。
3　リラックスすると、3カ月後のあなたが見えてきます。どんな感覚ですか？
　成功している未来の自分から今のあなたにメッセージが聞こえます。なんというメッセージですか？　さらに、あなたのキーパーソンの言葉も聞こえてきます。それは、なんというメッセージですか？
4　十分にイメージできたら、ゆっくりと目をあけましょう。

目標設定のワーク

❶	肯定的な表現で目標を立てる	
❷	なりたい感情を探る	
❸	期限や数値を入れる	
❹	スモールステップにする	
❺	3カ月後をイメージする	
❻	3カ月後のふりかえり	

　もし、自分で設定した目標を達成できなかったときに、落ち込んでしまうかもしれません。

12 時間以内にやりたいことリスト

そんなときに大切にしてほしい習慣があります。それが、104ページの「ハッピーサイクル」です。

失敗しても、必ずハッピーになれる習慣

　ハッピーな人生を送るために大切なことは、行動することです。行動しないと成果は得られません。しかしながら、私たちはえてして、学んだだけで満足してしまって、つい行動を後回しにしてしまうことがあります。

　その理由のひとつが、失敗への恐れではないでしょう

か？

　たとえ失敗してしまったとしてもいいのです。勇気を出してトライした自分を褒めてあげましょう。失敗したあとの考え方や行動が適切であれば、失敗はむしろ成功への近道になります。まさに「失敗は成功のもと」といえます。

　これらをチャートに表したのが、104ページのハッピーサイクルです。

1. 自分の存在と行動を分ける

あなたは失敗したとき、「私はダメだ」と思ったりしていませんか？　失敗したあなたという「存在」がダメなのではなく、その「行動」がうまくいかなかっただけです。存在と行動を明確に分けるのです。反省するのは行動だけに限定しましょう。

私がダメだと考えてしまうと、また失敗するのではないかと臆病になってしまいます。自分を責めてしまいがちになり、アンハッピーサイクル（☞ p.105）のような悪循環に陥ってしまうのです。

行動がうまくいかなかっただけだと考えると、その対応策を考えることができます。

2. ネガティブなビリーフをチェンジする

次に、トライすることを妨げるネガティブな「ビリーフ（信念）」をポジティブに、あるいは客観的な視点にチェンジしましょう。

ネガティブなビリーフとは、「私は口下手だ」というマイナスの自己イメージや「プレゼンが苦手」という苦手意識などを指します。

これらをチェンジするやり方を、あなたはすでに知っ

ていますね？

　自分に対して低いイメージをかぶせている場合は、「言葉のリフレーミング」（☞ p.45）を思い出して、実践ワークのスキルを使ってみましょう。

　苦手意識がある場合は、「苦手意識の解消」のワーク（☞ p.57）を参考にしてください。苦手ではない体験が見つかったら、その条件を明確にするのでしたね。そうすれば、苦手なことへの対応策も浮かんでくるはずです。

> **補足**
>
> 行動に絞って改善策を考えようと思っても、自己イメージが低かったり苦手意識があったりして、やっぱり私にはムリかも……と弱気になってしまうときに使えるスキルです。

3. SOSを求め、アドバイスやサポートを受ける

　ここまでできれば、あなたはもう一度チャレンジしてみようという気持ちを取り戻せるでしょう。成功するまで、このサイクルを回せばよいのです。

　もしくは、人に頼るという方法もあります。Part1（☞ p.24）でお伝えしたとおり、人はそれぞれ、タイプも得意なことも違います。あなたにとってちょっと苦手なこと、やり方がわからないことは、ムリせず人に頼ったり、得意な人と一緒にやる方法をとってもよいのです。

　そのとき、ありがたくアドバイスやサポートを受け取ることは当然ですが、あなたが得意なことで相手に貢献できることはないだろうかということも考えてみてください。

　このように、give & take の関係を作れるとなおよいです。人に頼るという方法をうまく使えるようになると、あなたができることの幅はぐんと広がるからです。ぜひ、普段から意識するようにしてみましょう。

小さな成功体験で
相乗効果を上げるための習慣

　勇気を出してトライしてみて、少しでもうまくいったあなたへ。

　ここでは、成功体験によってもたらされる幸福感をより高めるための習慣を紹介します。

1. 頑張った自分を認める・ねぎらう

　ものごとがうまくいったときは、ちょっとしたことでも達成感を味わうようにしてみましょう。頑張った自分を認めてあげるのです。これによってドーパミンが分泌されて、また頑張ろうという気持ちを高めることができます。目標達成までが10だとしたら、1進むごとに達成感を味わいましょう。

補足

ドーパミン

神経伝達物質の一種。興奮状態や高揚感を引き起こす。不足すると、物忘れや集中力の低下などの症状が出る。

　うまくいっても「自分はもっとできるはずだ」とか、「あの人と比べるとまだまだ」と思わないこと！　まずそこで頑張った自分を認め、ねぎらえることが、ハッピーサイクルとアンハッピーサイクルの分かれ道となります。

2. 他者承認を受け取る

　次のポイントは、頑張ったあなたを認めてくれる人の言葉を素直に受け取ることです。
　照れくさくて「私なんてまだまだです」と謙遜したく

なるかもしれませんが、「ありがとう」と相手に伝える習慣を身につけましょう。

まわりの承認の言葉に耳を傾けることで、自分が気づいていなかった長所を発見できることもあります。

3. 達成感・自己承認がある

人から認められたときに素直に受け取ることができると、達成感がぐんとアップします。

それにともなって自己承認が深まり、自己イメージ、セルフエスティーム（☞p.43）が高まります。

4. 満足感がある・人に感謝する

満足感に満たされたあなたは、「手伝ってくれた」「精神的に支え、応援してくれた」「アドバイスをくれた」「一緒に成功を喜んでくれた」、そんな人たちに心から感謝できることでしょう。

あなたも感謝された相手も、うれしい気持ちになれます。感謝とはつまり、幸福感を共有すること。みんなが幸せになれることなのです。

補足

失敗したときも同じです。一緒に悲しんでくれた人やあなたを癒してくれたペットや草花、大自然にも感謝することができます。感謝の気持ちがわくと喜びは倍増し、悲しみは半減するのです。

5. 人のために何かをやりたくなる・得意な力を役立てる

あなたが得意なことや好きなことで、誰かに貢献する。これが最終的には、幸福への道です。

自分の欲求を満たすことでも達成感がわきます。しかし人のために努力し、結果が出て感謝されると、達成感に加えて、感動が生まれるはずです。

たとえば、自分が得意なことは苦手な人の分もやってみることをおすすめします。得意なことや好きなことをやるときは、やる気スイッチ（☞p.64）が自然と入るので、疲労感もほとんど感じません。

好きなことはともかく、得意なことがわからないという人も多いかもしれません。

得意なことは、当たり前すぎて自分ではなかなか気づけないもの。そこでおすすめしたいのは、「人の言葉を素直に受け取る」ことです。あなたは意識せず自然にできるけれども、他人から見ればすごいことがあります。他人の褒め言葉を素直に受け取ることで、あなたの強力な強みを発見することができるのです。

> **補足**
> 人のために何かをするとき、あまり見返りを期待しないことが重要です。
> 人に感謝されたときは、そのとき自分がどんな気持ちになったかを書きとめておきましょう。感動を深められ、凹んだときの気分を切り替えられる効果もあります。

> **補足**
> 「この環境の中で引き出される私の強みとは何だろう？」と日々問いかけることでも、環境があなたの強みに磨きをかけます。

Journal for True Happiness

小さなことでもいいので、人のために何かをやったとき、ぜひ記録をつけておきましょう。計画を立ててやってみたことでも、偶然できたことでもかまいません。アウトプットを習慣にしましょう。

❶ 何をやりましたか？　そのとき、どんな感情がわいてきましたか？

(例) 駅で重そうな荷物を持っている人を見かけたので、手伝ってあげた
　→すごく感謝されて自分も嬉しくなった。

(例) グループの調べ物を、人よりも余分にやっていった
　→自分が調べた内容をベースにプレゼンを組み立てることになり、そのまとめ役を任された。責任重大なので頑張ろうと思った。

❷ ❶のとき、あなたが発揮した強みを考えてみましょう。難しく考える必要はありません。思い浮かんだ言葉を書き出してみましょう。また、人にかけられた言葉で印象に残っているものがあれば、書きとめておきましょう。

(例) 強みは、「思いやり」「親切」「自主性」
　かけられた言葉は、「ご親切に、ありがとうございます」

(例) 強みは、「学習意欲」「リーダーシップ」「思いやり」
　かけられた言葉は、「深く考えてすごいね！」

❸ ❷で考えた強みを、人のために使ってみるシナリオをつくってみましょう。幸せになるコツは、「よいところの拡大解釈」です。あなたが発揮した能力を「たまたま」と考えるよりも、この能力をほかの場でも発揮できると考えてみてください。そうすることで、自然とその能力を発揮できるようになり、あなたならではの強みになります。

(例) 私には「自主性」と「思いやり」という強みがあるので、前から興味があったボランティアをやってみたい。

コーリング（天職）を探す旅へ

　みなさんの中には、自分に合った仕事は何だろうと将来のことで悩んでいる人や、仕事に就いたけれども自分には合わないと悩んでいる人がいるかもしれません。

　けれども、失敗してもいいのです。そのときにこそいろいろな学びがあり、可能性を広げるきっかけとなります。人生とは旅のようなものです。失敗や挫折の経験を通して、あなたを助けてくれる人に感謝する心が芽生え、今度は自分が人のために何ができるだろうと考えるときが訪れます。それが、コーリング（天職）へのプロセスです。失敗を恐れず、行動し続けましょう。

　コーリングがすぐに見つかる人はあまりいません。少なくとも10〜20代はコーリング探しのプロセスで、たくさんの失敗や挫折の経験が不可欠です。そこであなたの価値観が大きく変わり、ありのままの自分が望むことが見えてきます。また、そのプロセスで「自分の強みは何だろうか？　人のために何ができるだろうか？」と問い続けましょう。すぐに答えが出なくても、脳が無意識に考え続けてくれます。自分の可能性を信じ問いかけるうちに、その答えとコーリングが見つかることでしょう。

未来の自分からの手紙

なりたい自分の自己紹介文を現在形で書いてください。

未来の自分になりきって書いてみましょう。何年後かは自分で設定してください。

あなたは何をしていますか？

どこにいますか？

達成できてあなたはどんな気分ですか？

何か聞こえますか？

何か見えますか？

1年〜3年ごとのチェックをおすすめします。文章ではなく絵でもかまいません。イメージしたものが写った写真を持っている人は、ここに貼ってみてください。（海外でバリバリ働きたい人は勤務先の写真など）

あなたのほんとうの幸せを探しましょう

達成した（　）年後のあなたが、現在のあなたに送るメッセージを最後に書いてください。

About Myself

🗝 このPartで、どのようなことを学びましたか？
　新たな気づきはありましたか？

🗝 このマークが付いたABOUT MYSELFに、本書を読んで感じたことを書き込んでもらいました。なかには、書くのが難しかったところもあったかもしれません。でも、実際に書くことが大切なのです。

この本で得た「気づき」は、きっと、あなたにハッピーな人生をもたらす鍵となることでしょう。

あとがきにかえて
支援者、保護者の皆様へ

大切な人の可能性を引き出すために

　私（高山恵子）は臨床心理士として多くの発達障害のある親子の支援、そして支援者や保護者の方々に、発達障害に関する講座を提供しています。現在日本では、社会人になってから3年以内に離職する人が約30％にのぼります。この状況を改善するために、大学時代プチ引きこもり経験のある読書好きの共著者（平田信也）と、発達障害の有無に関係なく、20歳前後の人向けに、この自己理解をすすめる書き込み式の本を作りました。大学、高校、若者サポートセンター等でテキストとして、そしてご家庭で使っていただけることを期待しています。

　特性にアンバランスがある人たち……発達障害がある・診断名はつかないけれどその傾向がある人（このグループをパステルゾーンと呼んでいます）の場合は、一般の自己啓発系の内容では、うまくいかないどころか状況が悪化することがまれにあります。特に、Part.0で紹介したメタ認知と呼ばれる「自分を客観的に見ること」が困難なタイプの人は、本を読んで、自分ひとりで試行錯誤するのは難しいです。

　親は子どもには幸せな人生を送ってほしいと切望します。そのために必要なことは、どんなことでしょうか？

　私は「可能性を最大限引き出すための、本人の自己理解」だと思います。まず、自分の特性、長所短所を含め、人と違うところは何かを理解することは、支援者側にも実は、大切なことなのです。

違いを尊重する：学習スタイルの違い

皆様は「学習スタイル」という言葉を聞いたことがあるでしょうか？

アメリカでは教育概論で学ぶ内容で、すべての教師が知っています。

学習する時に、勉強方法がその子によって違い、その子に合った学習スタイルで勉強できる環境を作ると効率よく勉強できるというものです。特性にアンバランスがある人は、この学習スタイルに偏りがあると考えられています。つまり、その人に合った学習スタイルで勉強することができれば、試験の結果もよくなるのです。このことは、日本ではごく一部の人しか知りません。驚くことに、現役の教員でも知らない人が多いのです。

ぜひ皆様も、ご自分の学習スタイルをこの本で確認してみてください。本文中でも紹介していますが、親子で学習スタイルが異なると、それだけでトラブルの元になります。また支援者側にも学習スタイルに偏りがあると教授スタイル、教え方が偏る傾向があります。

どの学習スタイルがよい・悪いということではなく、単に「違う学習スタイルが存在する」ということです。学習スタイルを理解することは、新しい仕事を覚えるときや、教えるときの効果的な指示の出し方に応用できる内容です。

挫折した経験が人生の可能性を広げ、真の幸福を導く

本書をお読みになっている方の中には、次世代の若者に失敗はさせたくないと、アドバイスしたいことがたくさんある方もいることでしょう。しかし、本当に大切なのは、本人が自分の力で挫折を乗り越え、失敗から学べるように支援することではないでしょうか。

私の場合は、高校受験の失敗が人生最初の大きな挫折でした。自尊心はズタズタに……。でもその体験こそが、「絶対、挽回！」と、のちの留学の強い動機づけになりました。そしてアメリカで自分にADHDとLDがあることがわかりました。「不完全な自分」こそ「自分らしさ」であり、自分を通じてADHDの理解啓発を進めることが社会貢献につながったとき、私は天職と出会ったのです。
　最近は幸福学という分野も出てきました。そのキーワードは、自己理解、感謝、貢献、人とのかかわり、そしてコーリング（天職）です。「挫折」は真の幸福探しのプロセスといえるでしょう。
　幸福の定義は、人によって異なるかもしれません。でも基本的にキーパーソン（その人の親やパートナー、親友や恩師などその人に影響を与える大切な人）に「素の自分」を受け入れてもらえたときや、特に、挫折したときに共感し、結果が出なくても、頑張ったプロセスをねぎらってもらえたときだと思います。
　あなたは、どんなときに幸せだと感じますか？

　完璧な人や挫折したことのない人は一人もいません。誰もが失敗したり、ミスをしたりするものです。でも「何かができないこと」＝ダメな人間、存在価値がない、ということにはならないのです。
　支援者や保護者の方にお願いがあります。ときには、「頑張れ」ではなく、「失敗してもいいよ」とか「よくここまで頑張ったね」と、あなたの大切な人に声がけしてみてください。それが彼らの心の安定につながり、次の可能性を引き出すでしょう。たとえ失敗したとしても、私たちは幸せになれるのです。

最後に

　この本は、性格と特性が異なる2人で初めて書き上げました。作業をしながらたがいの違いに戸惑いながらも、編集者の猪俣ゆみ子さんのご指導で、それぞれの強みを生かし、本にまとめることができました。そして何より、ひょうたんからこま的発想で、雑談していたときに「その本、出版しましょう！」という、小林豊治社長の鶴の一声があったからこそ、実現しました。心からお二人に感謝しています。この本を一人でも多くの方にご活用いただき、ご意見、ご感想をいただければ幸いです。

　さらに、私たちが学んだNLP（神経言語プログラミング）のスキルとともに、深い人間洞察を教えていただいた山崎啓支先生に感謝申し上げます。

　その山崎先生の恩師にもあたる、米国NLP協会理事長のクリスティーナ・ホール先生には、大きな人間愛と緻密な学びの構成原理を教えていただいています。

　お二方からの学びを昇華させる形で、この本が完成したことに、心より感謝したいと思います。

皆様の幸福を信じながら
高山恵子
平田信也

参考文献

クリスティーナ・ホール『言葉を変えると、人生が変わる』ヴォイス　2008年

山崎啓支『願いがかなうNLP』サンマーク出版　2009年

山崎啓支・高山恵子『イメージが変わると未来が変わる』えじそんくらぶ　2013年

田中康雄・高山恵子『ボクたちのサポーターになって‼ 2』えじそんくらぶ　2001年

高山恵子『おっちょこちょいにつけるクスリ　ADHDなど発達障害のある子の本当の支援』ぶどう社　2007年

高山恵子『発達障害に気づかなかったあなたが自分らしく働き続ける方法』すばる舎　2012年

マーティン・セリグマン著・小林裕子翻訳『世界でひとつだけの幸せ』アスペクト　2004年

スーザン・ケイン著・古草秀子翻訳『Quiet　内向型人間の時代　社会を変える静かな人の力』講談社　2013年

M・L・フォンフランツ・J・ヒルマン著・角野善広ほか翻訳『ユングのタイプ論―フォン・フランツによる劣等機能／ヒルマンによる感情機能』創元社　2004年

ネガポ辞典制作委員会『ネガポ辞典　ネガティブな言葉をポジティブに変換』主婦の友社　2012年

藤田和弘監修　熊谷恵子・柘植雅義・三浦光哉・星井純子編著『長所活用型指導で子どもが変わる〈Part3〉認知処理様式を生かす各教科・ソーシャルスキルの指導——小学校中学年以上・中学校用』図書文化社　2008年

Mel Levine. Educational Care: A System for Understanding and Helping Children With Learning Problems at Home and in School. EDUCATORS PUBLISHING SERVICE. 1994

「日経ビジネスAssocie」　2013年10月号　日経BP社

者紹介

高山恵子（たかやまけいこ）
臨床心理士、薬剤師。玉川大学教育学部大学院、昭和大学薬学部 講師。昭和大学薬学部卒業後、10年間学習塾を経営。その後、アメリカトリニティー大学大学院修士課程修了（教育学専攻）、同大学カウンセリング修士修了。帰国後、NPO法人えじそんくらぶ設立。家族支援、キャリア・就労支援、メンタルヘルスで臨床に携わる。専門は、ADHDなど発達障害とストレスマネジメント。これまでの経験を生かし、ハーティック研究所を設立。大学関係者、支援者、企業などを対象としたセミナー講師・コンサルタントとしても活躍中。米国NLP協会認定トレーナーアソシエイト。

平田信也（ひらたしんや）
1981年生まれ。関西学院大学大学院 社会学研究科修了。上場企業に入社後、経理部門でキャリアを積むが、仕事内容に飽き足らず、様々な分野に学びを広げる。そんな中、NLP（神経言語プログラミング）に出会い、学びを深める。現在、米国NLP協会認定トレーナーアソシエイト。また、NLPの学びの場で共著者 高山恵子と出会い、「個性が"wrong"ではなく"different"として生かせる社会を目指す」というビジョンに共鳴し、Heartic株式会社、ハーティック研究所設立。現在Heartic株式会社 代表取締役、ハーティック研究所 講師を務める。

関連団体概要

NPO 法人えじそんくらぶ
ADHD を中心に、高機能の発達障害の正しい理解の普及と、当事者とその支援者の支援を目指す団体。「大人の ADHD ストーリー」などのリーフレットが無料でダウンロード可。
- ホームページ
http://www.e-club.jp/
- E-mail
info@e-club.jp

ハーティック研究所
能力、特性、年齢など、人の違いを"different"（同じでなく、ただ違うだけ）としてとらえ、真の幸福をサポート。これに関連する講座や書籍、コンサルティングの提供や講師の育成・派遣
- ホームページ
http://heartic.jp/
- E-mail
info@heartic.jp
- 無料メールマガジンのご登録
本書の内容をより具体的に学べる情報を配信中。
http://heartic.jp/mail-magazine

ありのままの自分で人生を変える
挫折を生かす心理学

2017 年 10 月 5 日　初版第 1 刷発行
2024 年 8 月 28 日　初版第 2 刷発行

著　者　高山恵子・平田信也
発行人　小林豊治
発行所　本の種出版

〒 108-0075　東京都港区港南 3-5-10-1705
電話　03-6425-8860　　FAX 03-6425-8840
URL　http://honnotane.com/

印刷　モリモト印刷
©Takayama Keiko・Hirata Shinya　2017
本書の無断複製・複写・転載を禁じます。
落丁・乱丁本はお取り替えいたします。

ISBN 978-4-907582-15-9
Printed in Japan